AF282900

PÁGINAS PARA EDUCADORES

Alfredo Fierro

EDUCAR

P P C

Diseño: Estudio SM

ISBN 978-84-288-4257-0
Depósito legal M 3829-2025
Impreso en la UE / *Printed in EU*

INTRODUCCIÓN

A lo largo de nueve cursos, a partir de octubre de 2015, por amable invitación de su director, Antonio Roura, he publicado breves artículos en la revista *Religión y Escuela*. La invitación decía así: «En las primeras páginas de la revista, en el panorama de la educación, hay una columna de opinión llamada "Da que pensar», que ha firmado hasta la fecha mi compañero Pepe Laguna. En ella, con absoluta libertad, se trata de "hacer pensar" al profesor –no necesariamente de Religión–sobre cuestiones referidas a la educación en cualquiera de sus aproximaciones (política, legislativa, social, pedagógica, psicología del aprendizaje, rol del docente...). Me gustaría proponerle que se hiciese cargo de esa columna mensual. Perdone el abordaje así, sin anestesia, pero hay sensibilidades que me parece de justicia que estén representadas en la revista». En esta mención de «sensibilidades» entendí que se hacía cargo de mi posición en materia teológica y religiosa, y que aceptaba que desde ella entrara en el ámbito de la educación y del aprendizaje, sin tener como único o principal lector al profesor de Religión. Respondí que sí a la propuesta y me comprometí a seguir dando que pensar.

En los primeros artículos me ceñí al ámbito psicopedagógico sin rozar para nada el religioso. Luego, poco a poco, me introduje con cautela en espacios en que la educación puede nutrirse de la tradición bíblica y cristiana. Así, organicé las nueve entregas de cada curso, correspondientes a los respectivos meses lectivos, en torno a ejes temáticos, como la anatomía del cuerpo humano, las obras de misericordia, los consejos del libro de los Proverbios, algunas páginas del Nuevo Testamento y el rescate de santas y santos poco conocidos. A mitad del período de mi colaboración, el covid-19 se impuso durante unos meses como tema obligado.

La presente publicación recoge esos artículos que, a mi juicio, releídos hoy, siguen siendo válidos. No se recogen en un orden cronológico, que no sería sino desorden, puesto que a menudo, y no solo por la pandemia, distintas circunstancias irrumpieron en el momento de su publicación. El orden es temático, con la indicación en cada caso del mes en que aparecieron los artículos.

En la agrupación por temas, a cada grupo de artículos, reproducidos tal cual aparecieron en su momento, precede una presentación escrita para la presente edición y que contribuye –espero– a la unidad de un conjunto que no es simplemente misceláneo.

Escritos no en el interior de la religiosidad, sino en sus márgenes, los artículos no pretenden tener valor original; pero su conjunto coherente, siempre a mi juicio, sí que aspira a resultar instructivo para maestros y profesores, y no solo los de Religión. Hay un hilo conductor en ellos: el de una educación moral que no dimana de una creencia religiosa, pero es tangencial a ella y a veces «intersecta» con ella.

A. F.

EDUCACIÓN

Todas las colaboraciones mías en *Religión y Escuela* proceden bajo el supuesto de que la escuela –el colegio, el instituto– ha de ser educadora, moralmente educativa y no solo instructora o enseñante. En la sociedad moderna, la educación de las jóvenes generaciones se halla en manos no solo de los padres, sino también del colegio, en estrecha cooperación con ellos.

Arraigan esas colaboraciones asimismo en la confianza en la figura del maestro, más importante que el currículo o los recursos didácticos –por importantes que estos sean– en la formación de los alumnos. El maestro o maestra, por otra parte, no importa cuál sea el área o disciplina de su docencia, tiene misión educadora: ha de educar moralmente y, desde luego, en compañerismo y convivencia dentro del aula.

Educar no es imponer ni adoctrinar; es extraer de las personas lo mejor de sí mismas, de su potencial. Es la tarea de todo maestro, de todo profesor, no solo del tutor o la tutora. Hay áreas donde esa tarea se halla en primerísimo plano: en ética o educación en valores, en religión. Pero incluso ámbitos como el de las matemáticas son susceptibles de un abordaje educativo y no solo instructivo.

Por otro lado, el curso escolar no cubre los doce meses del año. Hay casi tres meses de vacaciones de verano y un par de semanas en Navidades y Semana Santa. No serán educativamente vacíos si el tutor prepara a sus alumnos para la vacación y luego, a la vuelta al colegio tras meses o semanas, realiza junto con ellos una evaluación de sus experiencias y aprendizajes de vida –no académicos– en el tiempo transcurrido.

A niños y adolescentes se les educa para que no sigan siendo menores de edad; antes, al contrario, para que crezcan, maduren. De ahí la importancia de conversar en el aula sobre qué quieren ser de mayores. De ahí también la paradoja de toda educación: el educador ha de enseñar a vivir en el presente y a la vez en el futuro, cuando haya pasado la presente edad. No es la cuadratura del círculo, pero sí se requiere fineza para cuadrarlo.

Está –¿o no lo está?– de más decir por último, aunque no en último lugar, que el aula es un lugar no tanto para estudiar y memorizar, que también más de una vez será preciso, cuanto para aprender, para conocer.

Grados de la enseñanza[1]

El grado cero del enseñar es simplemente mostrar. Te enseño, te muestro lo que es un animal, un árbol, un río. Te enseño mis cosas, mi casa, la ciudad. Te enseño, te muestro cómo lo hago yo: observa y trata de hacerlo igual o parecido. Con el mostrar se relaciona el entrenar o, más genéricamente, el adiestrar. La enseñanza aspira a crear alumnos diestros.

Enseñar es luego, no menos simplemente, relatar. Acerca de este u otro personaje, de este u otro pueblo, se sabe o se dice que sucedió esto y esto en tal y tal lugar. También puedo relatar acerca de mi propia vida en testimonio fide-

---

[1] Octubre de 2021.

digno: me sucedió esto y esto, yo antes pensaba así y ahora pienso de otro modo.

Es la instrucción un grado más. Se instruye en conocimientos, en lo que se sabe a ciencia (relativamente) cierta acerca de la naturaleza, del ser humano, de la sociedad. También se instruye en el lenguaje, eventualmente idiomas, en los procedimientos mentales para manejar los datos del conocimiento: en el razonamiento lógico, abstracto, también en las matemáticas. La enseñanza aspira a engendrar alumnos ilustrados, no ignorantes.

Grado superior de la enseñanza es la educación. Se educa para la vida, para el desarrollo y madurez del educando, para su sensibilidad y actitudes cívicas, morales, de convivencia con los demás. La enseñanza aspira a formar personas morales. Es también la grada más delicada. ¿Desde dónde y en qué dirección educar? El maestro o maestra solo puede hacerlo desde su propia madurez y moralidad, pero no está legitimado a hacerlo solo desde ahí. Ha de hacerlo también desde las tradiciones morales disponibles y no con reverencia, sino con sentido crítico hacia ellas y hacia sí mismo.

No ya enseñanza, sino corrupción suya es adoctrinar, amaestrar. No hace falta decirlo.

Vuelta al cole[2]

Acabó la vacación. El fin de curso fue tiempo de evaluaciones, pero, en cierta manera, informal; el principio de curso también lo es. Los profesores suelen sondear –evaluar a los

---

[2] Octubre de 2016.

alumnos sobre aprendizajes adquiridos el año pasado. ¿Se han mantenido?, ¿han atravesado sin merma los meses de verano?

Habría que preguntar no menos: ¿qué ha pasado en estos meses?, ¿qué hemos hecho?, ¿qué nos ha sucedido?, ¿qué nos queda de las experiencias vividas? El tiempo de vacaciones puede contar en la vida tanto o más que el resto del año; y en los años jóvenes, desde luego, es tiempo para no ser desperdiciado: en el aula ha de ser recuperado.

Se impone una reflexión retrospectiva, educativa, que extraiga jugo de aprendizaje, de maduración, del período veraniego, de las circunstancias no rutinarias de las vacaciones: disponer de todo el día libre, reencontrarse con amigos de juegos, los de veranos anteriores, menos frecuentados en tiempo escolar, tal vez haber viajado a otro lugar. Las experiencias han podido ser muy distintas, pero ponerlas en común y contrastarlas será enriquecedor.

La vacación siempre es esperada como una promesa de felicidad: período con derecho a ser felices. Eso sí que es vida: no ir al cole, nada de tareas, no estudiar. El regreso al trabajo en septiembre a muchos adultos les cuesta una enfermedad. También a niños y jóvenes puede costarles una disforia, y no solo por la transición a la vida escolar, asimismo por no haberse cumplido las expectativas de junio. Se había esperado mucho y el balance frustra. Las vacaciones y el verano, por sí solos, al igual que el dinero, no dan la felicidad; solo cooperan a ella. No es poca cosa enterarse de eso, aprenderlo. Al igual que lo es, desde pequeños, saber manejarse con la frustración y la melancolía.

Educar, aprender, ¿estudiar?[3]

Sea dicho en afirmaciones contundentes. Aprendizajes académicos complejos, como ortografía y cálculo, no pueden ser elevados al rango de objetivo de la educación por sí mismos. La educación obligatoria y gratuita ha de serlo para la vida: para vivir como ciudadanos participativos y activos en una sociedad democrática. También aprendizajes típicamente escolares, como lectoescritura y cálculo, son indispensables en un mundo donde mucha información y comunicación se realiza por escrito.

A lo largo de la infancia y la adolescencia, la educación ha de contribuir a hacer a niños y jóvenes capaces de ser felices, gestionar su propia vida con acierto, comunicarse bien con los demás, orientarse en el mundo, actuar como personas libres en el respeto hacia la libertad y el bienestar de los demás, tomar decisiones en asuntos que les conciernen. En la adolescencia y la juventud, la educación, además, ha de contribuir a capacidades básicas para desempeñar un papel responsable en la sociedad.

Los lamentos sobre la falta de motivación para el estudio por parte de jóvenes y niños responden a ignorancia sobre la naturaleza del aprendizaje. El objetivo es que ellos aprendan, no que estudien, tanto más cuanto por estudio se entiende una actividad aplicada a materias sin interés para el alumno. Tampoco los adultos estamos motivados a «estudiar» salvo por razones extrínsecas: para aprobar un examen u obtener plaza en unas oposiciones.

Hay que denunciar toda la retórica falaz montada alrededor del estudio. Sigue siendo verdad la tesis inicial de

---

[3] Noviembre de 2015.

Aristóteles en su *Metafísica:* «Todos los humanos tienen naturalmente el deseo de saber». Ese es el punto de Arquímedes en que se apoya la educación. Cada generación ha de replantear qué saberes son necesarios y responden –o cabe promover para que respondan– al deseo natural de los alumnos. Para cada uno hay que averiguarlo en una pedagogía motivadora y de fomento del interés por saber, no en mandatos de ponerse a estudiar. ¿Demasiada contundencia en todo ello? Tal vez. Pero pocos principios hay tan ciertos y sólidos como esos.

El grupo aula[4]

Para niños y adolescentes es un grupo bien importante, en nada secundario, apenas por detrás en relevancia que el grupo familiar. Líder institucional suyo es el tutor, tutora, o, más amplio, el equipo docente al completo. El ejercicio del liderazgo educativo en el aula tiene unas funciones y tareas bien claras, para empezar la de crear y reforzar conciencia de grupo: cohesión dentro de él, sentimientos de compañerismo, complicidad y, a consecuencia de ello, prácticas de compartir cosas y de cooperación centrada en las tareas. La conciencia de grupo entraña la convicción de que el todo es más que la aritmética suma de sus partes: el «todo» del aula es el conjunto de los alumnos componentes más la red de relaciones entre ellos, un plus que beneficia a todos y que se consigue en un clima distendido de confianza recíproca, de todos con todos, sin rivalidad.

---

[4] Noviembre de 2021.

El grupo ha de tener objetivos, metas colectivas, pero dentro de él cada integrante, cada alumno, tiene tareas específicas significativas en el cumplimiento del objetivo. Los logros grupales y los individuales han de ser evaluados corrigiendo la práctica cuando sea necesario. Necesitan evaluación no solo los alumnos uno a uno, también el grupo como tal: una evaluación que forma parte de una conciencia crítica, autocrítica, de grupo.

Bajo el liderazgo de los educadores, el grupo elabora normas de compañerismo y convivencia, define los proyectos, mide las fuerzas, sopesa los recursos disponibles y los medios para ello, toma decisiones, adopta cambios, trata de compaginar los intereses de cada uno, maneja y, en lo posible, aprovecha las contradicciones. En el marco del grupo se reconocen los errores, se aceptan las críticas, también las dirigidas al docente, que ha de verse como un moderador, no un líder indiscutible.

Cuadrar la educación[5]

La misión educativa es empresa de cuadrar, si no el círculo, sí cuadrar en las todavía moldeables mentes de los educandos unas cuantas piezas de no fácil encaje. Es educar a niños y adolescentes de hoy para el día de mañana, para cuando dejen de serlo; es más y precisamente, para que dejen de ser niños y adolescentes en lo que niñez y adolescencia tienen de inmadurez. En cambio, y por otra parte, hay que educar para conservar el «esplendor en la hierba», la gloria de la juventud y la niñez, para que permanezcan el

---

[5] Marzo de 2022.

juego, la risa, la inocencia, la mirada limpia de cuando niños, así como la ilusión, el entusiasmo, el amor a la vida de cuando adolescentes.

Paradojas de la educación: se educa en el tiempo presente para un tiempo futuro –de la sociedad y de cada uno de los educandos– en alto grado imprevisible. Hay que educar en el amor a la vez que en la previsión de posibles desamores, educar para la salud sin ignorar que de todos modos habrá enfermedades. Hay que transmitir principios o valores morales, a sabiendas de que más allá de tres o cuatro de ellos –no matarás, no violarás, no abusarás– pueden los demás cambiar mucho para cuando estos chavales sean ancianos. El catequista responsable sabrá comunicar una fe que mañana puede estar asediada de incertidumbre, de dudas, o quizá evaporarse en sus catequizados.

Cuando desde la altura de la edad mayor se echa la vista cincuenta o sesenta años atrás, a los cambios producidos en ese tiempo, cuando se considera, encima, la aceleración de la historia, de una sociedad y una cultura que cada vez cambia más deprisa, ¿cómo cuadrar la educación a lo que será la vida de estos alumnos así que pasen otros tantos años? Es invitación no al pesimismo educativo, sí al realismo, a la reflexión y a la fineza en educar.

De mayores[6]

A los niños se pregunta a veces qué quieren ser de mayores. Los adolescentes se lo preguntan ellos mismos. Los adultos no deberían interferir en esas preferencias, solo ad-

---

[6] Abril de 2017.

vertir acerca de los riesgos de una opción errada. Una novela de Anna Tyler, *Cuando éramos mayores*, comienza con el «Érase una vez» de los cuentos, pero seguido de esta línea desasosegante: «Érase una vez una mujer que descubrió que se había convertido en la persona equivocada». La mujer de la novela tiene 53 años y es abuela.

En la vida real no son pocos quienes a esa edad descubren con pavor que se han convertido en un ser equivocado. ¿Cuándo se produjo el error o la cadena de errores? Tal vez en el primer o en el segundo amor, en un amor errado. Tal vez al escoger, sin darse cuenta, un género de vida, buscando ganar más, aun al precio de no disfrutar para nada de la vida. O al haber emprendido unos estudios, luego una profesión, que no cuadraba con sus capacidades o con su querencia más profunda.

No basta con advertir frente a los riesgos de errar en esas opciones que antes de los 18 años pueden marcar una vida. Hay que instruir en modos razonables de elegir dentro de los márgenes a disposición del alumno: educar para la madurez en la toma de decisiones. Es muy fácil decir con mayúsculas: «Tú decides» y «sé tú mismo». Lo difícil es poner eso en letra pequeña, desmenuzar el «cómo decidir» y «quién es uno mismo». Eso no se puede ni esbozar aquí. No bastan cuatro líneas. Búsquese en Google.

Si uno va ahí y busca guías para tomar decisiones, hallará que se habla masivamente de decisiones empresariales para ganar más. Una sencilla opción que proponer a los alumnos, incluso bien pequeños, es qué tipo de guía y de opciones quieren buscar en la web. Y obre, aconseje, el maestro en consecuencia.

Zona de desarrollo[7]

La clave de toda enseñanza está en activar lo que los psicólogos denominan «zona de desarrollo próximo», franja intermedia entre el nivel mental y emocional de un niño o adolescente en el momento actual y el nivel inmediato que puede alcanzar. Esa zona delimita lo que el alumno es capaz de aprender, de asimilar. Guiándose por ella se fijan objetivos de instrucción, sean de lectoescritura, de cálculo o de historia. Dicha zona rige también en objetivos educativos propiamente tales: sea en sentimientos o en actitudes y valores. En los años escolares cabe así educar en la construcción de la identidad personal, una identidad, sin embargo, que irá tomando distintos perfiles y cariz desde la infancia hasta la adolescencia, cuando uno se pregunta «quién soy» y «qué quiero hacer en el futuro». Cabe igualmente –y es necesaria– la educación sexual y en el amor, puesto que también niñas y niños se enamoran. Cabe, en general, educar o conducir en el camino de una inteligencia emocional, que mejor sería designar como aprendizaje emocional o sentimental. También los sentimientos, los afectos, se aprenden. Ha llegado a decirse: ¿cómo sabríamos qué es el amor si no lo hubiéramos leído en novelas, o visto en películas, o escuchado en canciones? Vale lo mismo para el compañerismo y la amistad, para las actitudes y las relaciones sociales, familiares. Eso se educa mediante la exposición a modelos históricos o actuales, a relatos, también a mitos, que el educador ha de presentar e interpretar ajustados a las posibilidades de asimilación –zona de desarrollo– del educando. El desarrollo moral puede fomentarse presentando dilemas de

---

[7] Octubre de 2024.

comportamiento. El educador encontrará en internet muchos ejemplos de ellos, algunos clásicos, a menudo solo hipotéticos, aunque también realistas.

Matemáticas[8]

Ha habido cuchufletas (*El País,* 12 de marzo de 2022) a propósito del «sentido socioafectivo» que la propuesta de currículo recomienda también en Matemáticas, «sentimentalizando así la disciplina racional más abstracta». La rechifla tiene alguna excusa en la rebuscada redacción del texto y en subirse al carro de la moda o auge –ya no pujante tras veinte años– de la «inteligencia emocional». La propuesta, sin embargo, merece consideración serena. Pascal, matemático y precursor de las máquinas de cálculo, contrapuso al espíritu de geometría el de finura o sutileza –¿emocional?–, con el que sin duda también había que abordar el cálculo de probabilidades, en el que se anticipó a Leibniz. El sentir común siempre ha sabido que no es posible sumar peras y manzanas. En cuanto a la resta, no es lo mismo restarle 50 euros a las dietas de un alto ejecutivo que quitárselos a la mensualidad de un peón. La estadística ofrece el mejor ejemplo en el asunto. Decir que el salario medio en España está en 1.923 euros mensuales (datos de 2021) camufla el hecho de las fuertes diferencias entre provincias (de 1.590 en Badajoz a 2.338 en Álava), así como entre hombres y mujeres, no digamos entre directivos de empresa y asalariados sin cualificación. Dar porcentajes globales de morbilidad y de letalidad en tal o cual de las cepas de co-

---

[8] Junio de 2022.

vid-19, en tal o cual región, es muy racional y necesario para la política sanitaria y para el autocuidado de la ciudadanía, pero necesita el complemento, llámese emocional, socioafectivo o humanitario, de mirar y atender los casos uno a uno. Antonio Machado decía algo así –cito de memoria– como que no veía la manera de sumar individuos. Hasta en las operaciones más simples de cálculo y en problemas de álgebra hay maneras de que los números no encubran a las personas.

MORALIDADES

Educar es, a fin de cuentas, una forma de moralizar, aunque no en modo prescriptivo ni tampoco en forma de una prédica. Quienes hayan observado el lenguaje y comunicación de los padres con los niños pequeños habrán podido registrar que el 80 % –¡estimación a bulto!– de sus palabras se pronuncia en imperativo: come, siéntate, calla, estate quieto, no molestes, haz esto, no hagas lo otro. En esos imperativos se mezclan los propiamente morales –no hacer daño a otros, no mentir, etc.–, los de cuidado personal –lavarse las manos, los dientes– y los simple buen orden y tranquilidad en la casa –ordenar el cuarto, no gritar–, que suelen ser los más.

No es posible ni conveniente evitar el uso del modo verbal imperativo en la educación; pero hay maneras varias de educar sin moralina, y eso puede verse como un aspecto de lo que globalmente se llama «educación en libertad». Entre ellas está el uso meramente exhortativo –no prescriptivo ni prohibitivo– del imperativo verbal. La moral de los Diez mandamientos prescribe y prohíbe de manera absoluta. Pero pertenecen también a la moral las exhortaciones, y es así como muchos moralistas se han expresado: mediante consejos, algunos de los cuales, a menudo apócrifos, aunque no por ello desdeñables, se han hecho virales en Internet.

Otra manera de moralizar es el uso del condicional: si quieres A, haz B, o, por contrario, evítalo. O igualmente: si haces esto o lo otro, o si dejas de hacerlo, te sucederá tal o cual cosa. Ese es el planteamiento de la página *If*, de Kipling, cuyo formato es muy digno de tenerse en cuenta, aunque se discrepe de su contenido.

La espuma[1]

Entre los epítomes educativos más populares está el *If* de Kipling, lista de consejos enunciados en el condicional *if* inglés. Comienzan con glorioso acierto: «Si consigues mantener la cabeza, mientras otros la pierden; si confías en ti mismo, mientras dudan los demás; si sabes esperar y no te cansas de ello; si no engañas, aunque te mientan; si no pagas el odio con más odio; si no te haces el bueno ni el sabio; si eres capaz de soñar sin que los sueños te dominen; si sabes afrontar el triunfo y el desastre y los tratas por igual…». Nada que objetar, excepto que la confianza en sí no exime de dudar, de sopesarlo todo, dudar de las verdades tópicas, también de uno mismo y de los consejos de Kipling, que enseguida se pasa un pelín en sus certezas: «Si puedes soportar que la verdad que dijiste sea manipulada por bellacos». ¿Y cómo adjudicarme la verdad en mis palabras y tomar a los otros por bellacos? «Si te pones a rehacer aquello por lo que vivías y que te rompieron, si vuelves a comenzar desde el principio, si puedes forzar tu corazón y nervios, aun si te abandonan y solo te queda voluntad para decir ¡resiste!». Claro que sí, esto va a misa. «Si ni amigos ni enemigos pueden dañarte…». ¡Ojalá! Pero somos vulnerables y no hemos de acorazarnos en la insensibilidad. «Si llenas cada minuto con sus sesenta segundos». Y cada hora con sus sesenta minutos, cada día con sus horas. Eso es vivir a tope, extrayendo la espuma de los días, los instantes. Y ahora, después de todos esos condicionales, termina Kipling: si obras así, «tuya es la Tierra y cuanto en ella hay, y, lo que es más, ¡serás un hombre, hijo mío!». Y en esta meta, por desgracia, hemos de ser críticos de

---

[1] Abril de 2016.

nuevo y separarnos. ¿Y si no quiero esa clase de hombría?, ¿y si soy una chica, una mujer?, ¿y si no aspiro poseer la Tierra, no deseo ser un triunfador? Grave error es confundir el logro con el triunfo, la autorrealización con la victoria. Y hay una madurez no solo en la mujer, también en el hombre, que, bien desconfiada respecto a la hombría al uso, conserva las esencias más puras, la espuma de la infancia.

Cuídate[2]

Decimos «cuídate» al despedir a quien queremos, aunque no le amenace ningún peligro, solo quizá para que atienda mejor a su salud, si va a emprender un viaje o si tardaremos en verle. Es una forma indirecta, pudorosa, de decir «te quiero». Cuidar de sí: conducta bien necesaria, que forma parte del saber vivir. En ello han coincidido las morales clásicas. En la antigüedad griega y latina –recuérdese el tema de la *cura sui*–, sabio es quien sabe cuidarse. Y cabe leer así a san Pablo en lo de que la caridad bien entendida comienza por uno mismo. Si no cuidas de ti, si no te quieres a ti mismo, ¿cómo vas a querer a los demás, cuidar de ellos? El niño no ha de cuidar a otros; es objeto pasivo de cuidado por parte de los adultos, en especial de mamá y papá. El adolescente no debería permanecer en la fase infantil de quien está pasivo a que le cuiden. Hoy día, sin embargo, muchos adolescentes, por la sobreprotección de los adultos, continúan, en el peor de los sentidos, como niños: incapaces de cuidar de sí y de sus propias cosas. La

---

educación en la autonomía moral frente al deber solo heterónimo y también la educación afectiva, esa que se relaciona con el cultivo de la llamada inteligencia emocional, han de contar, entre otros contenidos, con instrucciones bien precisas en autocuidado. A ese objeto se ha hablado incluso de enseñanza de «técnicas del yo». El grado cero de tales instrucciones suele hoy consistir en el cepillado de dientes desde niños. Grados posteriores, progresivos, habrían de ser hacerse la cama, tener en orden la habitación, cuidar –sin coquetería– la propia presentación exterior, cuidarse en la comida, en hábitos de nutrición sana: ¡ay la obesidad infantil!, ¡ay la irresponsabilidad de dar chuches sin tasa a los pequeños! Grados superiores son ya cuidarse de las amistades peligrosas, del consumo que genera adicción, de los gurús que adoctrinan y que fanatizan. O dicho en positivo: cuidar las amistades que nos hacen mejores, mantener hábitos saludables en el organismo y en el alma, cuidar el mejor «yo» propio sin dejar que lo manipulen desalmados.

Consejos apócrifos[3]

En Internet circulan «virales» muchos epítomes de vida; y a pocas amistades que quieran hacerte bien, te llegan a diario catálogos de consejos para un buen vivir. A menudo se atribuyen a personajes de prestigio: Shakespeare, García Márquez, Borges. Cualquiera que les haya leído verá enseguida que son apócrifos.

----

[3] Marzo de 2016.

De Shakespeare circula un *Aprenderás* atractivo en el *leit-motiv* del título, pero que no cuadra en absoluto con la dramática polivalencia de su obra. Claro que contiene indicaciones valiosas, como la de que «lleva mucho tiempo llegar a ser la persona que quieres ser» o que «la vida vale cuando tienes el valor de afrontarla». Pero hay tópicos pseudosapienciales de psicología barata en que él jamás incurriría: «Nosotros somos los únicos responsables de lo que hacemos». Shakespeare sabía demasiado de la fuerza del destino y del azar para caer en esa ingenuidad.

A Borges se le atribuye un texto más sensato, incluso sabio, aquel que empieza: «Si pudiera vivir nuevamente mi vida, en la próxima trataría de cometer más errores. No intentaría ser tan perfecto, me relajaría más». Lo clava, ciertamente. Así como el final: «No te pierdas el ahora. Si naciera de nuevo, contemplaría más amaneceres y jugaría con más niños». No es una página borgiana. Lo es de un humorista, que acaso la escribió con ironía, sin creérsela ni él. Borges, en cambio, sí escribió que sus padres le engendraron «para el juego arriesgado y hermoso de la vida», un juego que –reconoce– no supo jugar bien.

A García Márquez se le atribuyen vulgaridades de almanaque como esta perla: «Nunca llores porque algo se acabó; sonríe mientras sucedió». Y aun así, hasta en lo trivial de esos apócrifos y no solo lo sensato hay material educativo apto para discernir y separar el trigo de la paja, lo sabio de lo banal, lo razonable de lo estúpido. Expuestos como están jóvenes y niños a mensajes de toda laya, al educador le toca, con esos u otros textos, colocar cada línea en su lugar, sin importar de quién sea. La verdad es la verdad, Machado *dixit*, la diga Agamenón o su porquero.

Los tres dones[4]

El mito de la lámpara de Aladino da mucho que pensar en todas las edades de la vida. Hace pensar a los niños y también a los mayores. ¿Qué tres cosas pedirle a la lámpara, a los Reyes Magos, a Dios, a la vida? Las variaciones narrativas sobre el tema suelen discurrir en un argumento en que las desmesuradas peticiones al genio concesionario acaban contradiciéndose entre sí: la concesión de la tercera petición anula las dos anteriores. La moraleja es el realismo en los deseos, al igual que en el mito del rey Midas: que todo se convierta en oro hace imposible vivir, pues, mudados en oro, los alimentos no se dejan comer.

De todos los tripletes de deseos, peticiones, el más sensato es el atribuido en forma de oración al teólogo reformado Reinhold Niebuhr –también atribuido a otros en versión laica–, y que reza así: «Dame, Señor, coraje para lo que puede cambiarse, serenidad para lo que no puedo cambiar y sabiduría para discernir lo uno de lo otro». Coraje para tratar de modificar lo adverso, lo que hace daño, pero que está en la propia mano cambiar, mejorar, paliar al menos, por difícil y costosa que sea la acción oportuna, por mucho sacrificio que requiera. Serenidad de ánimo, que es también equilibrio, paciencia, perseverancia y, en el colmo, esa santa indiferencia a la que san Ignacio quería conducir al término de sus *Ejercicios,* también aquella de las líneas místicas del «nada te turbe, nada te espante». Sabiduría, madurez de juicio y de discernimiento para tener claro qué puede uno –y acaso debe– intentar cambiar y qué no, aunque tal vez otros pudieran cambiarlo.

---

[4] Junio de 2016.

24

Están ahí tres de las cuatro virtudes cardinales: la fortaleza –junto con la resiliencia–, la templanza –aquí no contra excesos, sino buen temple en el ánimo–, la prudencia –cordura, ponderación–. Y el trío se deja resumir en un solo deseo o ruego dirigido a quien corresponda, el de resistir al mal, el «líbranos del mal» –y del Malo– del Padrenuestro, el de afrontar, como Dios te dé a entender, los dramas, contrariedades, tragedias, de la existencia. Todo esto hasta los niños pueden comprenderlo.

Desarrollo moral[5]

La psicología ha estudiado el desarrollo moral en la infancia, principalmente a partir del análisis de la conciencia que los niños tienen acerca del origen de las normas. Piaget lo ha hecho sobre el supuesto de un isomorfismo entre las reglas de los juegos infantiles y las del juego e interacción social. La conciencia moral del niño evoluciona en la dirección de pasar de una creencia en la solidez y legitimidad intrínseca de las reglas –sean de juegos o de relaciones sociales– a una conciencia de que ellas se basan en la convención social, una convención, por otra parte, determinada por la cooperación entre iguales. Según Piaget, el desarrollo moral estriba en la evolución desde una moral heterónoma, donde las normas son impuestas por la presión de los adultos, hacia y hasta una moral autónoma, donde las normas emergen de las relaciones de reciprocidad y de cooperación. Esta moral autónoma llega a ser posible porque el desarrollo cognitivo permite al niño ser capaz de situarse

---

[5] Noviembre de 2024.

en la perspectiva de los otros. El descentramiento cognitivo, la capacidad para ver el mundo y para verse a sí mismo desde el punto de vista de otros, constituye el requisito cognitivo previo para que el niño, en los umbrales ya de la adolescencia, sea capaz de adoptar un juicio moral fundamentado en la cooperación entre iguales.

En parecida línea, tomando como eje la convención social, Lawrence Kohlberg ha presentado un modelo de desarrollo del juicio moral en seis estadios que se suceden, de dos en dos, en tres niveles distintos: el preconvencional, el convencional y el posconvencional, que es un nivel que se rige por principios, sea de unas reglas de imparcialidad valederas para todos, sean principios éticos universales, basados en la racionalidad y en el principio de justicia.

Lema en tres colores[6]

Se ha escrito recientemente que el revolucionario lema tricolor de libertad, igualdad, fraternidad, de 1789, ha quedado sustituido en este tiempo posmoderno por el de seguridad, comodidad, sostenibilidad. ¿Se ha ganado con ello? Desde la tradición cristiana y desde el mejor pensamiento ilustrado cabe dudarlo. Ciertamente, todos apreciamos la seguridad ciudadana: contribuye a una existencia sin miedo, sin temor a un asalto, a una irrupción que trunque la vida o la integridad, la propia o la de cualquier otro. Contribuye a ello sobre todo un buen sistema de seguridad social, de prevención y asistencia ante los riesgos de salud y de pobreza. Un mundo sostenible, por otra parte, es bien

---

[6] Junio de 2017.

deseable: no agotar sus recursos, no despilfarrar, no malgastar el agua, no contaminar el entorno. En la sostenibilidad no había por qué pensar hace doscientos años, cuando la humanidad apenas había alterado la naturaleza; pero ahora no cabe pensar en el futuro humano sin un consumo y un progreso sostenibles. ¿Y la comodidad? Esa es la neurosis de nuestro tiempo: la vida cómoda, indolora, que nos lo den todo hecho.

Aun a riesgo del reproche de anticuados, hay que reclamar no tanto el regreso, cuanto la pervivencia, del lema de 1789, muy deudor a su vez del cristianismo. Este, debe concederse, no se distinguió mucho en la historia por promover la libertad, pero sí la igualdad y también la fraternidad o, en palabra más reciente, la solidaridad, esa que asumió un movimiento sindical y político de inspiración católica, capaz de derrocar al comunismo en Polonia hace treinta años. Educar hoy en valores es instruir en ese triple lema, y no dudar en ensancharlo: instruir también en la necesidad de un mundo sostenible. Y es poner en guardia contra el mezquino ideal de vida sin esfuerzo y cómoda.

Educación en (inversión de) valores[7]

No es oro todo lo que reluce. Lo esencial es invisible para los ojos. Ver lo infinito en una mota de polvo (o, mejor, de polen). Antes que «ver-dad», «dad-a-ver». Pobre no es quien tiene poco, sino el que desea demasiado. Cuando el dedo señala a la luna, el estúpido mira el dedo. En un minuto caben muchos días. Hemos de correr tan rápido como

---

[7] Marzo de 2021.

podamos tan solo para quedarnos donde estamos. Cuanta más prisa llevo, más atrás me quedo. Lleva muchos años llegar a ser joven. Algo es imposible solo si tú lo crees así. Pensar lo impensable, atreverse a lo imposible. Nada tan serio como el humor. El pensamiento siente, el sentimiento piensa. No digas nada si con tus palabras no puedes mejorar el silencio. Solamente lo fugitivo permanece y dura. No soy lo que pienso y no pienso lo que soy. Dicho de otra forma: no sé quién soy y no soy quien creo ser. Para vivir hay que morir más de una vez. La muerte de miles de personas es estadística, la muerte de una sola es tragedia.

Ahora bien, para una pedagogía en trastocar valores y en paradojas morales, la de sentencias de los evangelios. Esas sí que descolocan, agitan conciencias y dan que pensar, obligan a repensarlo todo: amad a vuestros enemigos, rezad por vuestros perseguidores. Si alguien pleitea contigo por una camisa, regálale un chaquetón. No te preocupes por el mañana, a cada día su tarea. El que busca encontrará. Quien se haga pequeño como un niño ese será el más grande. El que quiera salvar su vida la perderá, el que no tema perderla la salvará. Los últimos serán los primeros, y los primeros, los últimos. Quien desee ser maestro y dueño que se haga servidor. El que se autoensalza será humillado, y el que se humilla será ensalzado. Al que tiene se le dará más, y a quien no tiene se le quitará.

APRENDIZAJES

Lo que del lado del maestro, del educador, del adulto, es enseñanza, del lado del niño, del adolescente, del educando, es aprendizaje.

Aprendizaje no es simple adquisición de información y de conocimiento. En psicología se le define como «incremento en el potencial de conducta como consecuencia de la práctica o de la experiencia». Es una definición que merece o necesita glosa.

Potencial de conducta no es lo mismo que conducta: no es hacer, sino poder hacer, capacidad de hacer. A la pregunta «¿qué soy?» cabe responder: soy no solo lo que hago, sino también lo que puedo hacer. Los aprendizajes nos definen, nos identifican, a la vez que nos acrecen.

El potencial de conducta se amplía no solo por el aprendizaje, también por el desarrollo evolutivo de la persona. Un joven puede hacer física y mentalmente muchas más cosas que un niño. Se habla de aprendizaje cuando esa ampliación se produce como resultado de la práctica (aprendo a nadar echándome al agua) o de la experiencia (sé que el fuego quema porque me he quemado).

Para generar aprendizaje, el aula ha de ser un espacio de prácticas y de experiencias, de aquellas que no sea tan fácil crear en casa o en la calle. El maestro ha de educar asimismo con las manos y no solo con las palabras. También, obviamente, el aula ha de ser lugar donde se procesen, se pulan, eventualmente se critiquen las experiencias habidas fuera de ella.

Se aprende no solo memorizando, aunque esto sea necesario con la tabla de multiplicar, y aunque la memoria sea en muchos casos una variedad del aprendizaje. Tampoco se aprende solo en los libros, aunque el educador deba fomentar la lectura como una experiencia enriquecedora: lectura no solo de apuntes y manuales de texto, sino también de relatos de ficción, de poesía.

Aprender a pensar[1]

Si en la enseñanza institucional, contenidos curriculares aparte, hay algún elemento propio suyo, apenas presente en la educación familiar, es el de enseñar a pensar. Algunos padres y madres hacen pensar, recapacitar, cuando el hijo ha cometido algún error o se ha portado mal. En la escuela ha de hacerse de modo sistemático con toda ocasión, desde luego después de cualesquiera errores.

Desde bien pequeños los niños piensan. A menudo sorprenden con ocurrencias imaginativas, pensamientos que son golpes de intuición. No ha de ahogarse ese espontáneo pensar, ni siquiera si se expresa de modo inconveniente, socialmente incorrecto: tampoco entonces es inmoral, solo amoral, como todo lo intuitivo y creativo.

También la espontaneidad, la genialidad intuitiva, en el pensar y en el hacer pueden ser cultivadas. Pero la escuela es responsable mayormente de cultivar el pensamiento crítico.

En su obra *Pensar rápido, pensar despacio*, Daniel Kahneman, Premio Nobel 2002, analiza dos sistemas mentales correspondientes respectivamente al pensamiento espontáneo, automático, imposible de desconectar a voluntad, y al

---

[1] Noviembre de 2017.

reflexivo bajo control voluntario. Pensar comienza por el sistema automático, el de impresiones, sensaciones, intuiciones. Indispensable para momentos de urgencia y emergencia, es un pensar sujeto, por desgracia, a muchos sesgos y hasta a errores de percepción y de juicio. El otro sistema, el de pensar despacio, se pone en marcha cuando tropieza la intuición y hay que domesticarla, rectificar sus errores.

No importa en qué materia y edad hay que alentar al alumno a recapacitar, pensar sin prisa, con premeditación, sopesando la cara y la cruz de las cuestiones, también en clase de Religión. Para que no se quede en catequesis también en ella ha de haber reflexión crítica.

Aprender a convivir[2]

A convivir se aprende –o no, por desgracia– en casa, en la calle, pero aún más –sí o sí, ha de decirse– debe suceder en el colegio, donde hay que convivir y no solo coexistir con muy variados compañeros, diferentes de uno mismo en distintas cualidades: en sexo, nivel económico, capacidades, carácter, fuerza física, creencias, hábitos. En el colegio se eligen amigos con quienes se alcanza alguna intimidad, mientras, por otra parte, sin elegirlos, hay muchos otros con los que al menos hay que llevarse bien, por diferentes o inamistosos que sean.

Lo más opuesto a la convivencia o «conllevancia» es el *bullying,* el acoso ejercido, a menudo en grupo, sobre algún compañero más débil o menos agraciado. La educación positiva contra el acoso consiste en educar para la conviven-

---

[2] Febrero de 2018.

cia. Consiste también en combatir lo inhumano en cualquiera de sus formas. El espacio escolar es la cancha donde aprender humanidad bajo la tutela de adultos, de maestros: aprender un humanitarismo capaz de sintonizar precisamente con aquellos que están, personal o socialmente, en situación vulnerable.

Los cuatro sentidos fundamentales de la convivencia humana son el sentido del humor, el sentido común, el sentido crítico y el sentido del ridículo, dice Jorge Wagensberg. Comentemos: tomarse con humor los choques o roces entre compañeros, mirar con realismo esos incidentes, juzgarse a uno mismo con ojo crítico, contemplar lo ridículo de las pequeñas venganzas, de los resentimientos.

Aprende a convivir es también aprender a pedir perdón y a perdonar. Claro que en el colegio se dan y siempre se darán conflictos, enfrentamientos, a veces ofensas. Tras ellas, saber convivir es saber reconciliarse y vivir sin rencor. Ahí cobra significado el «perdona nuestras ofensas, así como nosotros…».

Aprender a querer[3]

No es lo mismo que aprender a amar. También esto hay que aprenderlo. Todos los sentimientos se aprenden. Querer parece más ancho que amar: porque rebasa el ámbito de lo erótico al que parece reducirse la idea convencional de «amor»; porque además de sentimiento incluye voluntad y también acción. Al amor se le suele suponer involuntario, al modo de un resorte automático de la naturaleza: así en el enamoramiento y en el amor maternal. El querer, en cam-

---

[3] Marzo de 2018.

bio, va más allá de los automatismos y del sentimiento. También los enamorados pueden quererse, aunque no siempre: a menudo solo se aman con apasionado sentimiento. Y las madres suelen querer a sus hijos, desde luego, aunque tampoco siempre.

Querer significa no solo desear el bien del ser querido, sino promoverlo con acciones. Querer al prójimo, al vecino, al amigo, como a uno mismo significa cuidar de él con actos semejantes a aquellos con los que uno se cuida a sí mismo. Aprender a querer es aprender a cuidar de otros, a procurarles el bien, a extraer de ellos lo mejor de sí mismos.

Los amores, las pasiones, son volátiles, a menos que se protejan con el querer, que es la mejor argamasa de las relaciones sólidas.

No es fácil educar en el querer, porque contradice al egoísmo cerril, que piensa que uno pierde lo que da a otros. Solo se le educa si se logra inculcar algunas verdades bien seguras: la de que en el afecto y en ayudar a otros nunca hay pérdida al dar; la de la reciprocidad en las relaciones humanas («si no quieres a nadie, nadie te querrá»); la del respeto mutuo en ellas; la de que hay que cuidar las amistades, los amores («el que tenga un amor, que lo cuide, que lo cuide») como una planta delicada.

Cuando ganas a un amigo, ganas mucho para ti. Cuando lo pierdes, pierdes mucho de ti mismo.

Aprender a perder[4]

Aprender a perder… ¿tiene eso algún sentido? Lo tiene, y tanto más en una sociedad que sobrevalora el triunfo, el

____

[4] Diciembre de 2017.

éxito, que divide a la gente en ganadores, unos pocos, y perdedores, los más. Los deportistas, obviamente, salen a la cancha a ganar, no a perder; pero en cada partido unos ganan y otros pierden. En una competición deportiva o un concurso de televisión entre docenas de competidores solo uno acaba ganando. Además, el ganador en un nivel puede perder en otro. El primero de la clase en el colegio puede quedar en una medianía al pasar a la universidad. El campeón en su provincia quedará como segundón o peor al pasar a nivel nacional o a la olimpiada. A lo largo del tiempo se pierde más veces que se gana. Solo uno se alza a lo alto del podio; solo un equipo se lleva a casa el galardón. Habrá que saber perder, puesto que eso será lo más frecuente. La mayoría, sin embargo, tiene un mal perder; hay escasa tolerancia a la frustración. El aprendizaje más difícil en cualquier deporte es, pues, el de aprender a no ganar. También por eso se dice que «lo importante es participar».

O bien habría que dejar de competir: buscar logros personales, pero ningún triunfo frente a otros. En la vida no todo es competir, ganar, perder, ni siempre hay enemigo o adversario. La vida discurre no entre victorias y derrotas, sino en zonas más templadas nada épicas de experiencia: entre logros y malogros, aciertos y desaciertos.

Al cantar «gloria a Dios en las alturas y paz a los hombres», cabe proclamar gloria también, y no solo desear paz en la tierra, a ras del suelo, a mujeres y hombres de intensa dignidad, a quienes, sin ser nunca triunfadores, permanecieron no vencidos; y a aquellos que, sin llegar a destacar en nada, fueron buenos profesionales o buenos estudiantes.

Aprender a decidir(se)[5]

Tomamos de continuo decisiones, algunas tan banales como sintonizar un canal u otro en la tele, comprar esta u otra marca en el súper. También los pequeños deciden sin ser conscientes de ello: a qué juegan, con quiénes tratan como amigos, cómo se comportan en casa y fuera de ella.

La madurez del individuo está, entre otras cosas, en la capacidad de tomar decisiones para sí mismo, en gestionar la vida –vía opciones personales– según lo piden los propios sentimientos y preferencias. Esa madurez no se alcanza antes de la adolescencia, pero en esta empieza a ser muy necesaria, pues entonces se toman importantes decisiones, como la orientación en los estudios y los primeros escarceos sentimentales.

La vida solo acontece una vez. Por eso no cabe averiguar si nuestras opciones en momentos «decisivos» –dicho sea en redundancia– fueron correctas o incorrectas. Decisiones muy serias han podido estar incubadas o tácitamente adoptadas en una cadena de elecciones sin relevancia aparente que se suman y refuerzan. Casi siempre, aunque parezca concentrada en un instante, la decisión viene incubándose desde tiempo atrás. Las decisiones se fraguan lentamente dentro del corazón.

Procedimiento práctico y sencillo al alcance de los niños para organizar la complejidad del decidir es escribir para cada opción en doble columna: una con las ventajas, otra con los inconvenientes, y asignar además una ponderación numérica a los pros y a los contras, para ver así de qué lado se inclina la balanza. Y no solo a los adolescentes, también

---

[5] Enero de 2018.

a los niños cabe instruirles en pulsar el botón de pausa para no tomar decisiones apresuradas, impulsivas. Excepto en situaciones de emergencia, el tiempo del proceso de decidir ha de ser proporcionado a la importancia e irreversibilidad de la opción.

Aprender a reír[6]

Los bebés ríen cuando están contentos: tras haber dormido bien, haberse nutrido, cuando se les acaricia. La risa es un gesto innato, no aprendido. El bebé no necesita ver reír para reír él mismo. También los bebés ciegos ríen. No menos que el llanto, la risa del bebé es un modo de lenguaje.

Con los años, la risa se extiende en una gama del franco reír a carcajadas, desternillarse de risa, al silencioso sonreír y a la enigmática sonrisa a lo Gioconda. Entre adultos, la risa conjunta dice camaradería, la sonrisa dice cordialidad amigable. Reír y sonreír a solas da fe de salud mental, de estar a gusto con la vida. Un día sin reír es un día perdido.

Dime de quién te ríes y te diré quién eres. No eres buena persona. De nadie hay que reírse. Tanto menos merecen burla quienes más necesitan empatía y auxilio: las personas con alguna discapacidad, los «sin techo», los diferentes.

Dime con quién te ríes. Eso es otra cosa. Dime de qué te ríes, cabe añadir, y te diré quién eres. ¿Ríes con chabacanerías o con humor del fino? Quién y qué nos hace sonreír dice mucho de nuestros gustos, nuestra alma, nuestra calidad moral. Y eso no es innato, sino adquirido, aprendido, educable, por tanto.

---

6 Abril de 2018.

Hay una educación del gusto en su disposición a la risa y la sonrisa. En esa educación el maestro o maestra no puede permitirse ninguna chanza zafia, mucho menos reír a cuenta de algún alumno torpe o díscolo. Antes al contrario, ha de enseñar a reír con los chistes inteligentes, con las viñetas sabrosas, si hace falta desentrañando su clave, su chispa, cuando el niño o adolescente no alcanza a captarla por sí solo.

Los humoristas forman parte del patrimonio de la humanidad. El educador ha de acudir a ellos, a Forges, por ejemplo, incluso cuando está hablando de los asuntos más serios.

Aprender a mirar[7]

El niño ve y mira antes de adquirir el habla sin necesidad de enseñanza. Pero hay un aprendizaje de la mirada en cuanto lado activo del ver y «saber ver». La Educación Plástica insiste en ello, aunque no ella sola.

La educación en la mirada rebasa con mucho al saber ver una imagen. Se extiende al observar la naturaleza: contemplarla y disfrutarla cuando es bella, como suele serlo; no mirar para otra parte cuando se la ve cruel –ojalá solo por la tele– en las catástrofes naturales que se llevan vidas por delante. Se amplía también al observar a los demás: mirarlos con empatía, no con desdén, ponerse en su piel, en sus zapatos, tratar de entender sus razones y motivación incluso de sus actos incomprensibles (y ahí, ¡cuánto se tiene siempre que mejorar!). Se redondea, en fin, en el

---

[7] Mayo de 2018.

mirar las cuestiones, en lo posible, sin ideas preconcebidas. En eso, por cierto, consiste la ciencia, la sabiduría. La inteligencia, la capacidad para resolver un problema, está en la mirada.

«Veamos de otro modo», dice el científico, que ha llegado a «ver» que la piedra que cae y la Luna que no cae obedecen a la misma ley. La instrucción para hallar leyes o patrones comunes a hechos diferentes no es competencia propia solo del profesor de Física o de Ciencias Naturales. Todo educador ha de enseñar a abrir los ojos, aguzar los oídos, observar en la correcta dirección, percibir las semejanzas y las diferencias: «¡Fíjate en tu mundo!».

«Veamos de otro modo», dice también, en otro extremo, el místico. Llamamos mística a ver el universo, el infinito, en un grano de arena, el paraíso en una flor silvestre (William Blake); a ver la eternidad en el instante, la luz en la noche oscura, el misterio sagrado en la cara del vecino. Tampoco eso debería enseñarlo solo el profesor de Religión.

Aprender unos de otros[8]

Las vacaciones han podido, han debido, proporcionar importantes experiencias de aprendizaje. En el transcurso de la vida infantil y adolescente, unas pocas semanas bien diferentes de las del año escolar pueden ser muy enriquecedoras. En ellas puede producirse con gran rapidez una importante maduración. A comienzo de curso, un ejercicio de reflexión colectiva, que habría de considerarse obligatorio

---

[8] Octubre de 2017.

en el aula, es el de recapacitar sobre lo experimentado en vacaciones, sobre lo que ha cambiado en las chicas, en los chicos. Punto destacado de esa reflexión ha de ser qué han aprendido ellas y ellos de sus compañeros y amigos, de sus iguales. Y esa será excelente ocasión para caer en la cuenta, empezando por el propio maestro o maestra, de que la escuela es un espacio que educa no solo en vertical, desde los adultos a los menores de edad, y que tiene por objeto no solo los aprendizajes formales del currículo, sino donde suceden relevantes procesos de aprendizaje en horizontal, entre los propios compañeros, tanto en la adquisición del razonamiento abstracto como en la elaboración del juicio moral, como se sabe bien desde los estudios de Piaget y Kohlberg.

Aprender unos de otros es aprender a ponerse en el punto de vista de otros. Eso ha de ejercerse asimismo en el orden ideológico. Lo expresó concisamente hace tres siglos el filósofo Shaftesbury: «Nos afinamos los unos a los otros, limamos nuestros ángulos y lados ásperos, mediante una suerte de colisión amigable». El católico se afina y lima sus aristas –es decir, aprende– en trato amigable con Lutero; el cristiano, con el islam y el judaísmo; el monoteísta europeo, con Buda y el *Tao Te King*; el espíritu religioso, con el ateo y el agnóstico, y a la recíproca, obviamente.

Aprender a aprender[9]

Es el aprendizaje más necesario, y en él, en cierto modo, anidan los demás. Y será cada vez más necesario porque vi-

---

[9] Junio de 2018.

vimos ya en un mundo rápidamente cambiante. A los adultos de hoy nos será difícil reconocer el mundo en que vivirán los hoy niños, al igual que a nuestros bisabuelos les resultaría difícil entender un mundo con televisión e Internet, con divorcio, con teléfonos móviles. Una buena parte de las profesiones y oficios actuales habrán desaparecido en menos de cincuenta años, mientras serán precisas cualificaciones ahora apenas imaginables. Cada vez resulta más problemático que las condiciones en que los estudiantes abordan ahora una carrera universitaria o laboral permanezcan durante todas sus vidas. ¿Cómo preparar a los jóvenes para esas nuevas condiciones laborales? El único modo es enseñarles a aprender.

Y eso es solo una parte de la historia. La otra es que cambiarán también las condiciones de vida familiar y social, los modos de comunicarse y desplazarse. Aún más importante: las personas tendrán que cambiar y cambiarán a lo largo de su vida, una vida en promedio más larga que la nuestra, igual que hubimos de cambiar nosotros. Una cosa fueron las crisis sentimentales a los 25 o 40 años en el siglo xx; muy otras lo serán a finales del xxi. ¿Cómo preparar para todo eso?

Aprender es sacar lección de la experiencia. A fin de cuentas, se aprende por uno mismo; y, por fortuna, sabemos mucho más de lo que nos enseñan. Aun así, cabe enseñar a aprender, fomentar ese aprender por uno mismo. Sea a fin de curso o al recomenzarlo, tras unas vacaciones, todo enseñante ha de confrontar a sus alumnos con la pregunta: qué han sacado en limpio en su la vida, y no solo en el aula, a lo largo de este tiempo. Es la evaluación más importante y no los exámenes.

ANATOMÍA

Buena parte de la conciencia de la identidad personal deriva del reconocimiento del propio cuerpo. El bebé empieza a adquirir esa conciencia cuando distingue su cuerpo del de mamá o de la cuidadora; y la va perfilando a medida que observa sus manitas, sus pies. Luego la redondea cuando se contempla en un espejo.

Hay más si nos ponemos filosóficos, socráticos: el conocimiento de uno mismo, antes que el referido al propio ánimo, a los sentimientos, recursos y capacidades de que se dispone, es o ha de ser el conocimiento del organismo. Hay adultos que no saben dónde se localizan el páncreas u otros órganos internos, y que no identifican el órgano causante de un dolor.

A lo largo del curso 2022-2023, los artículos, bajo el título o paraguas genérico de «Anatomía», versaron no sobre fisiología del organismo humano, sino sobre el uso y la consiguiente moral de órganos del cuerpo, algunos inocentes siempre, como el cerebro –el pensamiento no delinque–, otros simbólicamente sobrevalorados, como el corazón, y algunos, como las manos, capaces tanto de cuidar como de matar, con enorme potencial de virtud y de pecado. Lo hice de arriba abajo, de la cabeza a los pies, pasando, obviamente, por los genitales, cuyos placeres y andanzas preocuparon siempre mucho a los moralistas, y terminando en la piel, que lo recubre todo y que es importante superficie de disfrute: el de acariciar y ser acariciado.

La cabeza[1]

¡Piensa con cabeza!, sí. La cabeza –el cerebro– es algo más que la metáfora del pensar y del conocer. Es su sede, así como de las demás actividades: también del sentir. ¿Cabe enseñar a pensar? Daniel Kahnemann, Premio Nobel en el año 2022, en el libro *Pensar rápido, pensar despacio*, analiza dos formas bien distintas de pensamiento, ambas necesarias, aunque de distinta índole y no igualmente susceptibles a la instrucción. La capacidad de pensar deprisa y con acierto seguramente tiene un importante componente innato, como la inteligencia en general. De nacimiento, de fábrica, las personas vienen más o menos inteligentes, más o menos capaces de pensar rápido en situaciones de emergencia. Eso puede sin duda mejorarse y se logra mediante la práctica del otro tipo de pensar, del lento y reflexivo: cuando el meditar sobre situaciones difíciles previsibles se interioriza y asimila hasta mudarse en pensamiento automático. Y este meditar y pensar despacio ¡claro que puede enseñarse y cultivarse! Se cultiva, sobre todo, volviendo sobre los propios pensamientos, corrigiéndolos, escuchando a los maestros, a los presenciales y a los virtuales, a los que dejaron escritos sabios, que es preciso leer y releer: por ejemplo, y no cualquier ejemplo, Cervantes, Pascal, Machado. Ahí tiene su oportunidad una obligada puntualización al muy individualista consejo de pensar por cuenta propia. El consejo tiene un ámbito razonable: no pensar como borregos, desconfiar mucho –casi todo– de las consignas ideológicas, de la publicidad, de los titulares de los periódicos. Pero ahí se acaba su vigencia. La originalidad individualis-

---

[1] Octubre de 2022.

ta no es garantía de acierto en el pensar; antes al contrario, en la mayoría de los casos consiste en desatinos. Se piensa bien en comunidad, en diálogo.

Ojos, nariz, oídos[2]

Son las puertas de la percepción. Por los sentidos nos hallamos en contacto con el mundo. Por ellos nos llega la realidad exterior. La vista y la audición permiten captar lo que está lejos de nuestra la nariz, la cual no solo olfatea: por ella respiramos, obtenemos lo más imprescindible para vivir, el aire. Tan importantes son los sentidos que se ha ampliado la acepción del término para hablar de «el sentido de la vida» –o de la existencia, si nos ponemos exquisitos–. Por los sentidos sufrimos y gozamos; el sentir-percibir se extiende al sentir de los sentimientos. Por ellos comienza el sentido de la vida.

Puede haber y hay acciones perversas. Pero ¿percepciones perversas? Los sentidos son inocentes. No hay mal uso de ellos. Si acaso, desuso, el de los ojos que no ven y los oídos que no escuchan (Ez 12,2), el de los sentidos de un espíritu obturado (Mc 8,18). Aquello de que los ciegos ven y los sordos oyen (Mt 11,5; Lc 7,22) no es ajeno a la sanación de esa obstrucción de los sentidos. En igual línea terapéutica está la curación de zombis que empiezan a vivir.

En línea no ya de terapia, sino de educación: los profesores de Música trabajan con un saber oír, escuchar; los de Artes Plásticas, con un saber ver, saber mirar. Algunos artistas de vanguardia –de Duchamp a Warhol–, en ruptura

---

[2] Noviembre de 2022.

con otras formas de arte, han enseñado a ver arte –¿también belleza?– en una pieza del cuarto de baño y en un bote de supermercado. ¿Y por qué no? Si se ha aprendido algo en ver, puede uno verse y sentirse rodeado de objetos maravillosos. Si se aprendió algo en escuchar, se disfrutará tanto con el gorjeo de los pájaros –de Vivaldi a Messiaen hay también música para iniciarse– como con el silencio, con la soledad sonora de Juan de la Cruz.

Labios[3]

Domine, labia mea aperies: el orante del Oficio Divino comienza por pedir que se le abran los labios para invocar piadosamente. Estos han de ser abiertos para cumplir sus funciones, que son de contacto y no pasivos con el exterior. Hay muchas clases de labios: fruncidos de disgusto, entreabiertos para rezar en voz baja y para sonreír o casi descoyuntados para carcajearse en risa franca. Hay boquitas pintadas, algunas provocadoras, insinuantes, que no merecen que se les haga caso. Función noble de los labios es la de besar y besarse. El bebé tiene su más imprescindible contacto con la realidad al chupar con sus labios los pechos de mamá y extraer su leche; también al ser besado por mamá y por otros, besos estos no menos necesarios para sentirse aceptado y valorado.

La censura cinematográfica cortaba los besos apasionados con que a menudo terminaban películas románticas (es obligado recordar *Cinema Paradiso)*. Besos de esa clase, junto con abrazos, son hitos en el itinerario de un amor corres-

---

[3] Diciembre de 2022.

44

pondido. Hay otros tipos de besos entre adultos, algunos de simple protocolo y cortesía en las mejillas. Más allá de lo cortés, con genuino afecto, los hay entre amigos cercanos. Son muy intensos, de bendición sin palabras, los del padre o la madre, abuelo o abuela, sobre la frente de un niño o un joven. Hay besos falsos e incluso traicioneros: el de Judas. Los hay de arrepentimiento: los de la Magdalena a los pies de Jesús, y de piedad: al crucifijo, a un objeto sagrado o querido.

Se nos enseña a comer. También hace falta enseñar a besar y a ser besado –debería formar parte del currículo de Primaria– y aprenderlo y practicarlo.

Acabemos con un par de apotegmas: «Se recarga el ánimo a través de los labios»; «dime a quién y cómo besas, por qué besas, y te diré quién eres».

Las manos[4]

Si dejamos aparte a quienes meten goles dando al balón con los pies o la cabeza, son las manos el principal órgano de las acciones por sí mismas o con instrumentos. Darse las manos es el gesto primero y mínimo de amistad, en ocasiones de reconciliación. Se entregan los regalos con las manos. También se acaricia con ellas. En los dedos de las manos se llevan anillos: algunos de ellos reflejan lealtades y compromisos vitales; otros lo son de adorno y lucimiento, manifiestan gustos, caprichos, fantasías, que nos revelan ante los demás.

---

4 Enero de 2023.

Hay que llevar las manos limpias. Más que otras partes del cuerpo, en más ocasiones, es preciso lavárselas: antes de comer, también antes de tocar cosas sagradas. El oficiante lo hace ritualmente para no llevar en ellas un resto de contaminación, mientras pide quedar limpio de pecado. El lavatorio de manos es un símbolo de purificación, y a veces, en tiempos de pandemia, más que un símbolo.

Con las manos se cometen crímenes que ningún agua, jabón o gel puede lavar. Lo dice el coro de *Las coéforas*, de Esquilo, a propósito de las atrocidades cometidas en la estirpe de los atridas: «Todos los ríos del mundo que juntaran sus aguas no bastarían para purificar la mano que manchó el crimen». Lo reconoce *lady* Macbeth tras su último asesinato: «¿Nunca tendré limpias estas manos? Aún queda olor a sangre. Todos los perfumes de Arabia no darán fragancia a esta mano mía». Ella sabe bien que «lo hecho no se puede deshacer». No por lavarse las manos Pilato pudo deshacer el mal que estaba haciendo o permitiendo.

Llevar limpias las manos para estrecharlas, para acariciar, para tocar lo más santo. Lavarlas con buen jabón para eliminar posibles gérmenes. No cometer acciones que todos los ríos y detergentes jamás podrán limpiar.

El corazón[5]

Está sobrevalorado el corazón. Verdad es que es el impulsor de la sangre que va al cerebro, a los pulmones y al resto del cuerpo; y si él se detiene, todo el cuerpo se detiene: paro cardíaco, muerte cerebral. Pero en cuanto a anatomía es un

---

[5] Febrero de 2023.

mecanismo tan simple como un reloj de pesas. Otros órganos del cuerpo son mucho más complejos y sofisticados. Como cuando nos dan un susto o una gran sorpresa el corazón se acelera –vuelco al corazón–, se le atribuye constituir la sede de las emociones, que no residen en él, sin embargo, sino en el cerebro. La contraposición –simbólica– entre cabeza y corazón tiene larga historia. En ella hay dichos y consejos para dejarse llevar por el corazón y asimismo para lo contrario, para no perder la cabeza por corazonadas.

Al corazón le atribuyó Pascal razones que la razón –la cabeza– no puede comprender. A ese razonar del corazón se le ha llamado recientemente inteligencia emocional: capacidad de empatizar, de expresar los propios sentimientos y emociones, de captar eso mismo en los demás, una inteligencia que es también social, comunicativa, distinta de la movilizada en el estudio de las matemáticas y de la naturaleza.

Hay en WhatsApp una fila entera de emoticones corazonistas en distintos grafismos: corazones únicos, unidos, partidos, con una flecha, en distintos colores... Los chavales saben muy bien qué significa cada uno y los utilizan a menudo. Al empezar a dibujar, a un pequeño le resulta muy fácil trazar un corazón y dedicarlo enseguida a papá o a mamá. Buen modo de aprender a dibujar.

El corazón ha alcanzado categoría de culto en la devoción al Corazón de Jesús, iniciada por Margarita María de Alacoque. La Iglesia ha incorporado esa devoción a la liturgia con una festividad en la semana siguiente a la del Corpus.

Aparato digestivo[6]

«El hombre es lo que come». Es sentencia brutal, materialista, falsa. Sin embargo, contiene una buena dosis de realismo en antítesis a no menos falsos espiritualismos.

En los países ricos hay actualmente una nueva sensibilidad en favor del consumo de una comida sana, una dieta ajustada a las necesidades del organismo, frente a la comida basura. Hay asimismo extremos patológicos: la anorexia, la bulimia, otros trastornos alimentarios con resultado de una obesidad peligrosa para la salud y, por desgracia, cada vez más frecuente en todas las edades. La educación para la salud incluye, como capítulo mayor, educación en la comida, la cual, por cierto, habría de llegar a los padres y a la sociedad en general. Permítase reprobar aquí dos costumbres que envician a los niños. Una, la de la lluvia de caramelos en las cabalgatas de Reyes Magos (alternativa: una lluvia de cromos). Dos, las fiestas infantiles de cumpleaños en las que se atiborra a los pequeños con bebidas, chucherías y bollería insanas (alternativa: tortilla de patata, fruta).

En otras regiones un 8 % de la población, más de 800 millones de personas padecen hambre crónica. No se confunda con el apetito que una persona bien alimentada puede sentir tras muchas horas sin comer. Es hambre de hambruna. Y, si hablamos del agua… Una de cada tres personas en el mundo, o sea, dos mil millones, no tiene acceso seguro a agua potable no contaminada. Algún filósofo –o quizá teólogo, ya no recuerdo bien, pero eso poco importa– dice que su quicio reflexivo no es el «pienso, luego existo», de Descartes, sino el «tengo hambre» de millones de humanos. El

---

[6] Marzo de 2023.

«hambre y sed de justicia» de la bienaventuranza ha de aspirar a justicia frente al hambre material y otras carencias en esos hombres y mujeres.

Sexo[7]

Hablar de sexo era tabú en contexto católico, aunque se hablaba mucho desde el púlpito, en los ejercicios espirituales y en el confesonario. Los más virulentos sermones advertían de que un simple deseo o pensamiento impuro consentido podía acarrear fuego eterno. Ha sido truculencia no solo de los años del nacionalcatolicismo hispano, sino bien arraigada en la moral y la predicación católica. En un capítulo de *Retrato del artista adolescente,* de 1916 (sí, hace más de un siglo), James Joyce describe con detalle un retiro espiritual con todos los ingredientes tópicos de la conexión entre sexo e infierno.

Actualmente, la profesora o profesor de Conocimiento del Medio, el de valores o el que explica los mandamientos, puede y alguna vez debe comenzar una clase con aquel «Hablemos de sexo» de un programa televisivo de 1990. Si es el encargado de la clase de Religión, de moral cristiana, al llegar a los siempre espinosos sexto y noveno mandamientos, convendrá que relea y estudie su formulación en Ex 20,14 y 17. En cuanto a acciones, allí se prohíbe el adulterio y luego unos pecados no tanto sexuales cuanto sobre la propiedad ajena: «No codiciarás la casa de tu prójimo, ni su mujer, ni su siervo, ni su criada, ni su buey, ni su asno, ni cosa alguna suya». Si eso se quiere actualizar para chicos

---

[7] Abril de 2023.

de hoy, habrá que reinterpretar el pecado de concupiscencia carnal poniendo la diana en los delitos de agresión y acoso sexual: «No violarás», «no violentarás a una chica, a una mujer, por mucho que la desees». Bien entendido que, si el precepto mosaico en una sociedad patriarcal conmina solo a los varones, hay que extenderlo a todas las personas; y que la educación sexual en positivo ha de abordar, más allá de lo físico, también lo emocional, sentimental.

Piernas/pies[8]

Estamos en un mundo, envueltos por un entorno físico y social. Hay un lado más bien pasivo en ese «estar»: la percepción de ese mundo mediante los órganos de los sentidos –ojos, oídos–, que en verdad tampoco son puramente pasivos. El lado activo de la estancia del ser humano en un entorno corresponde, en cambio, principalmente a las extremidades. Las acciones suelen proceder de brazos y manos y de su prolongación artificial en herramientas e instrumentos. Piernas y pies se ocupan de otro género de acción: la locomoción, que también se amplía mucho gracias a medios externos para el desplazamiento, del patinete y la bici al automóvil y al avión. Frente a una situación adversa, indeseable, una agresión, por ejemplo, cabe hacer algo con las manos, como repeler al agresor, o igualmente con las piernas, huir: ¡pies, para qué os quiero! Los pies, por otra parte, aseguran el asentamiento del cuerpo en el suelo, y por ahí también la afirmación de la mente en la realidad: el realismo, sin irse por las nubes.

---

[8] Mayo de 2023.

Ni el pensamiento ni los sentimientos delinquen. Solo pueden considerarse inmorales en la medida en que mueven a acciones delictivas. Excepto en magullar a puntapiés a un cuerpo indefenso, tampoco las extremidades inferiores delinquen. Sin embargo, no son ajenas a la moral; con ellas tiene que ver una metáfora moral muy destacada: la de los pasos que uno da, los caminos que toma la persona. Es metáfora frecuente en los libros sapienciales de la Biblia hebrea; forma parte habitual de las calificaciones moralizadoras (ir por buen o mal camino, irse por los cerros de Úbeda, andar con buenas o malas compañías), así como de la mejor caracterización de alguien: dime con quién andas y te diré quién eres. ¡Ah!, y además se hace camino al andar.

La piel[9]

«Nada hay más profundo que la piel», escribe Paul Valéry en *La idea fija*. La piel es la sede del contacto corporal y del sentido del tacto, de la sensibilidad más extendida. De los cinco sentidos externos, el tacto es el único sin el cual no podríamos vivir. Se puede vivir sin ver, sin oír, y no pocos viven y se manejan así; pero no es posible manejarse en anestesia. No solo para la vida y la convivencia, también para el amor y el afecto cuenta muchísimo el tacto. Nos comunicamos –y enamoramos– por la vista, la escucha, el olfato, pero sobre todo por el tacto. Es por la piel como, ya desde bebés, acariciamos y somos acariciados.

La piel cuenta mucho en la apariencia física. Con los años deja de tener la tersura de la infancia. Por mucho que

---

[9] Junio de 2023.

se diga que la arruga es bella y también en los mayores, no pocas personas se aplican tratamientos de protección y restauración de la piel. Y por la piel, más algunos rasgos faciales, suele discriminarse a grupos étnicos. En los años sesenta, grupos de veinteañeros, los de *Up with people* / «Viva la gente», iban cantando por el mundo, y no solo en los templos, esta letrilla: «¿De qué color es la piel de Dios? Dije negra, amarilla, roja y blanca es, / todos son iguales a los ojos de Dios».

Uno mismo, en ocurrencia –no diré pecado– de juventud, ha escrito hace ya años con pseudónimo esta moralizante exhortación: «No importa si eres chica o chico, si eres negro o blanco, si entiendes bien mi lengua y yo la tuya. / No importa de dónde vienes o dónde has nacido. / No importa si tus padres vivían ya aquí. / Nada de eso importa. / Porque de las diferencias no haremos discriminaciones. / Porque las diferencias nos enriquecen. / Porque estamos llamados a vivir juntos y vamos a entendernos. / Trae acá esa mano. / Nos entenderemos».

CONSEJOS

Dediqué un curso entero a una moral exhortativa, tomando pie en el libro de los Proverbios, atribuido a Salomón, pero redactado en época posterior (quizá su redacción canónica date del siglo VIII a. C.)

Los Proverbios bíblicos se inscriben en un género de muy antigua tradición. Bastante anteriores son las máximas de Pthahotep, un visir y escriba egipcio del siglo XXIV a. C., autor, pues, de un libro que quizá sea el primero de la historia, y que contiene instrucciones para su hijo tales como estas: escuchar beneficia al que oye, nunca estés orgulloso de lo que sabes, la injusticia abunda, pero el mal nunca triunfa a largo plazo, no confíes en acumular riquezas, todo es regalo divino. O sea, aproximadamente lo mismo que las exhortaciones de los libros sapienciales de la Biblia hebrea.

Una moral exhortativa difiere de la prescriptiva.

Y destaco que lo mandado son lámparas, aunque también, en un texto ya ajeno a ese libro, *Cambio de hora*, el carácter convencional, que no arbitrario, de normas.

Sabiduría y discernimiento[1]

«Proverbios de Salomón para conocer sabiduría y disciplina, / para penetrar los discursos profundos, / para adquirir una instrucción esclarecida, / justicia, equidad, dere-

---

[1] Octubre 2018

chura, / para procurar un saber hacer a los simples, / y la prudencia y el saber a los jóvenes, / para captar las sentencias oscuras, / los dichos de los sabios y sus enigmas». Así comienza a manera de extenso título el libro de los Proverbios, atribuido a Salomón, como otros libros sapienciales. Ahí es nada, vaya programa educativo en esos versículos de poética bíblica: como para ocupar diez años de educación moral. Ah, si en esos años se instruyera esclarecidamente –con razones claras– en la autodisciplina y el buen autogobierno, en el sentido de lo recto, lo equitativo y justo, lo prudente, en el vivir y andar derecho sin retorcimiento ni tampoco sumisión… Ah, si en el grado superior de tal instrucción se iniciara en esa sabiduría que la tradición bíblica atribuyó en máxima eminencia a Salomón: saber comprender los escritos de más enjundia de los pocos sabios que en el mundo han sido, desentrañar en algo, en lo posible, los enigmas de la existencia… En grados elementales e intermedios cabría comenzar por enseñar a discernir las *fake news*, falsas noticias con apariencia de verdad, esas que circulan por los chats, los foros virtuales, los tuits: bulos, embustes, rumores sin fundamento, que aprovechan tertulianos y comentaristas mediáticos. Una joven generación que se nutre mucho de efímeros mensajes digitales y que lee poco a los sabios ha de ser instruida en ese discernimiento. Un sencillo modo de hacerlo es llevar al aula tres o cuatro periódicos del día y cotejarlos a propósito de algún rumor de la víspera –xenófobo, por ejemplo–, luego rectificado o revelado como falso.

Consejos mínimos[2]

«Escucha, hijo, la instrucción de tu padre y no desdeñes las enseñanzas de tu madre» (Prov 1,8). Es un consejo más que prudente: sabio. Y nótese: no dice «obedece» ni tampoco «acepta». Consejo de mínimos: escuchar, no desdeñar. Amplíense madres y padres a profesores, maestras y maestros. Ni unos ni otros deberían propasarse en consejos: cuantos menos, mejor. Pero alguna vez hay que aconsejar, aunque no de modo autoritario, solo con la autoridad moral que la experiencia bien asimilada confiere a los adultos.

El consejo de Proverbios es conservador: prima la experiencia acumulada de los mayores, la tradición. Atender a esta es siempre un buen principio. Ella es plataforma –relativamente– sólida sobre la que luego cabe edificar, aunque muchas de sus presuntas certezas quedarán resquebrajadas por terremotos de la vida. Por eso hasta los núcleos más firmes de la educación han de montarse como a prueba de terremotos y bombas: flexibles, sustituibles, desmontables. Ahí está lo más difícil: sea, como ejemplo, educar para el amor a niños y adolescentes, que en algún momento de su vida necesitarán haber sido educados, preparados, para amores no correspondidos, para el desamor.

Añádase que una de las metas de la educación reglada –la de escuelas y colegios– es que los niños aprendan a «deconstruir» lo consabido; que conozcan alternativas a los prejuicios de los padres… y también de los propios profesores. Estos no han de ocultar sus creencias personales, sus «valores»; y han de pedir que los educandos los atiendan, no los desdeñen. Pero no pueden ni imponerlos ni pedir

---

que los acepten. El educador tampoco ocultará qué otras creencias y valores, qué otros juicios sensatos, tienen vigencia en la sociedad pluralista en la que vivimos y tratamos de convivir en paz.

La cigarra y la hormiga[3]

«Observa a la hormiga, contempla sus costumbres y sé sabio. Durante el verano asegura sus provisiones. ¿Hasta cuándo, perezoso, vas a quedarte tumbado?, ¿cuándo despertarás de tu sueño?» (Prov 6,6). Da mucho de sí la laboriosidad de las hormigas: es un clásico en educación, y ahí están las fábulas de Esopo, Lafontaine y Samaniego, tres versiones distintas, para contraponerla a la cigarra. Pero también se han escrito elogios de la cigarra, de la ociosidad (Bertrand Russell) y hasta de la pereza (Paul Lafargue). Estos elogios, en verdad, más bien lo han sido a la vivencia feliz en el momento presente junto con la crítica a una puritana moral calvinista del trabajo y el esfuerzo.

¿Es preferible ser hormiga previsora, siempre trabajando sin pausa, o ser cigarra despreocupada y pasarlo lo mejor posible? Seguramente, hay tiempos, circunstancias, para cada cosa; y si uno ha sido hormiga en la época oportuna, puede permitirse después ser cigarra. Si el ave ha construido bien el nido, puede luego gozarse con trinos para llamar a una pareja.

En el reino animal se encuentran ejemplos para todos los gustos y situaciones. Los animales no tanto nos dan lecciones a los humanos –a veces sí– cuanto ocasiones para

---

[3] Diciembre de 2018.

aleccionar: de ese hilo han tirado los fabulistas. El hormi-
guero, desde luego, es mal ejemplo para la sociedad humana; y la individualista cigarra, que pretende vivir a costa de
otros, también lo es. Los documentales sobre la vida animal
y las fábulas tradicionales pueden o deben incorporarse a
la educación, aunque no necesariamente para asirse a la
consabida moraleja de estas últimas. En ironía y mayéutica
socráticas, de los animales se aprende –se educa– preguntando, haciendo reflexionar: ¿es mejor ser hormiga o cigarra?, ¿siempre?, ¿cómo y cuándo?

Mandamientos que son lámparas[4]

Es cómodo y didáctico, pues ayuda a la memoria, cifrar en
un número fijo ciertas piezas de doctrina: los diez mandamientos, las ocho bienaventuranzas, los siete pecados capitales, las catorce obras de misericordia. Pero la fijación en
una cifra puede acartonarse en estereotipia rígida, que im-
pide atender a otras maneras graves de pecar, a otros modos gloriosos de misericordia y de merecer buena ventura.
Tampoco los mandamientos se cuentan exacto y por fuerza
hasta diez. El evangelio los resume en dos. Y el Antiguo
Testamento trabaja con otras listas de mandatos divinos.
Léase Prov 6,16-19: «Media docena de cosas aborrece
Yahvé: / la mirada altanera, la lengua mentirosa, / las manos que hieren, / el corazón que medita proyectos culpa-
bles, / los pies encaminados al mal, / el falso testimonio, /
el sembrador de litigios entre hermanos» (perdón por la
versión española libre, pero no mendaz). Tomar esa lista u

---

[4] Enero de 2019.

otra alternativa servirá para salir de lo consabido y ver de otra manera las prohibiciones capitales. Sin descortesía alguna para con la Biblia, y en gran deuda con ella, puede uno proponer líneas rojas esenciales para hoy: no matarás, no violarás, no harás la guerra, no harás daño injustificado ni a las personas ni al medio ambiente…

Prov 6,21-24 pide fijar los mandatos –o más bien aborrecimientos– divinos en el corazón y llevarlos anudados al cuello, porque ellos, prosigue, «guiarán tus pasos». Y lo razona genialmente: «Pues los mandatos son como lámparas, y las enseñanzas, como luminarias». Es el lado positivo de los mandamientos. Suelen enunciarse en formato de prohibiciones, porque los noes son fáciles de concretar sin equívocos. Pero su lado positivo es la claridad inequívoca, la luz: iluminan y orientan en la vida.

Cambio de hora[5]

El equinoccio de otoño es el 21 de septiembre. Pero como las horas de sol han disminuido gota a gota, pocos minutos cada tarde, no nos enteramos del otoño hasta el cambio de hora. Ese día sí: de pronto, la tarde se ha hecho más corta, la noche se viene encima una hora antes. El cambio de hora ofrece una oportunidad magnífica para entender el concepto y las diferencias entre las leyes o regularidades naturales y las reglas sociales. La Tierra ha estado todo el año modificando poco a poco su posición frente al Sol, sin que de un día para otro nos demos cuenta de ello; y, en cambio, de ayer a hoy resulta que, por horario oficial, el Sol

---

[5] Noviembre de 2016.

se pone no a las ocho, sino a las siete de la tarde (una hora menos en Canarias).

Las reglas sociales a veces son convencionales, arbitrarias incluso, pero necesarias siempre. De suyo, por ejemplo, nada exige circular por la derecha o por la izquierda. Pero ha habido que ponerse de acuerdo sobre ello para no chocar unos vehículos con otros. Y de ese acuerdo, de esa convención, han nacido los códigos de circulación. Igualmente, muchos otros códigos se han originado en convenciones. Estas, sin embargo, pueden variar y a menudo varían de un lado del río –o de la frontera– al otro. En Reino Unido y otros países del viejo Imperio británico se circula por la izquierda, algo que en el resto del mundo es imprudencia criminal.

A la pregunta, bien natural, que el niño o no tan niño puede –y suele, y debe– hacerse: «Por qué he de obrar así, por qué se me prohíbe esto otro», hay una respuesta que no es la del autoritario «ordeno y mando». En casa o en el colegio, en la convivencia, en la sociedad, hay que ponernos de acuerdo sobre las reglas con las que circulamos por la vida y no puede cada cual ir a su bola: nos estrellaríamos.

Resiliencia[6]

«El justo cae siete veces, pero se levanta» (Prov 14,16).

La escuela ha de educar para los logros, los aciertos: ¡no confundir con triunfos, con victorias –algo bien distinto–, que reparten el mundo entre ganadores y perdedores! También ha de educar para aprender de los fallos, los fracasos, los errores, las caídas y recaídas, los «pecados» (en origen,

---

[6] Febrero de 2019.

«pecado» = «yerro»). Ha de enseñar a levantarse. La vida y la acción se abren paso por ensayo y error. Dice un viejo aforismo que «errar es humano». Los humanos nos equivocamos más que los robots. Los fallos y los actos fallidos nos humanizan, así como nos humaniza reconocerlos; y robot será el maestro que no reconozca ante los alumnos haber fallado, haberse equivocado en tal o cual ocasión.

Ha de invertirse el orden en lo de «ensayo y error», convertirse en «error y ensayo»: a cada fallo ha de seguir un nuevo intento. Beckett lo dice en un inglés minimalista en su contundencia mono y bisilábica: *Try again, fail again, fail better*. O sea, en español y más largo: «Inténtalo de nuevo, fracasa de nuevo, fracasa mejor». O en paráfrasis que seguramente no se corresponde ya con el pesimismo de Beckett: saber ir de fracaso en mejorado fracaso una y otra vez hasta el logro final.

A eso se le llamaba hasta anteayer la «moral del Alcoyano»: quien resiste o insiste acaba por ganar. Ahora el lenguaje culto lo llama resiliencia: capacidad de la persona para recuperarse frente a la adversidad –no solo al dolor– para levantar cabeza, seguir proyectando el futuro y obrar con energía en consecuencia. A la contrariedad del fracaso hay que oponerle la firmeza de continuar intentando. En la escuela ha de practicarse tras los fallos, sea de un alumno o del grupo. De la educación moral forma parte educar para la resiliencia.

Respuesta salomónica[7]

Hay que saber reaccionar a las agresiones, las ofensas, los insultos; y han de enseñarse las maneras apropiadas.

---

[7] Marzo de 2019.

Ofrecer la otra mejilla es uno de los consejos evangélicos, pero estos son eso… consejos, no preceptos. Vaya aquí un texto salomónico –por su atribución a Salomón y por el sabio arte de sortear escollos– que dice: «No le respondas al necio según su estupidez, / no seas también tú como él»; y a renglón seguido, en consejo no contradictorio, pero sí antitético: «Responde a la estupidez del necio, / no sea que él se imagine ser sabio» (Prov 26,4-5).

Primera máxima: no responder a la agresión con agresión, al insulto con el insulto. Esa reacción conduce a una escalada de violencias verbales o físicas. Ahí vale el refrán: «A palabras necias, oídos sordos». Si a palabras o acciones necias se reacciona con otras igual de estúpidas, uno se convierte en necio, igual que el oponente. Ahí hay que cultivar el «pasotismo»: pasar de… Que no me importe lo que digan de mí o lo ofensivo que me echen a la cara: poner la propia autoestima por encima de la necedad ajena.

Eso, sin embargo, no vale siempre y en toda ocasión. La máxima segunda, en antítesis y complemento, pide responder, no tanto enfrentarse –quizá también–, pero sí, desde luego, afrontar la situación y plantar cara: que el necio no se crea sabio o inteligente o bueno; que vea que su agresión no tiene ninguna gracia, ningún mérito, tampoco provecho alguno. Esto es más difícil que ser pasota. Había una regla de venerables moralistas en latín que permitía una reacción *servato moderamine inculpatae tutelae:* guardando la moderación, la proporción, de una autodefensa no culposa. Para ulteriores detalles, consúltense los tratados de moral. Los 1.800 caracteres de esta columna no dan para más.

Cordura[8]

«El hijo sabio alegra a su padre» (Prov 10,1). También el hijo listo alegra, pero los libros sapienciales de la Biblia versan no sobre listeza, sino sobre sabiduría o, más llano, sobre cordura. Según el autor bíblico, esta no es exclusiva de los ancianos, de la edad mayor. Lo sabemos por experiencia: hay adolescentes y niños más sabios o cuerdos que sus padres. Y sin comparación entre edades o generaciones, estudiosos del ciclo vital evolutivo de los humanos aseguran que, si sabiduría no se confunde con información o con conocimientos, puede un niño ser «sabio». Descártese la imagen del repelente niño Vicente y tómese el concepto no reverencial de sabiduría según la psicología de la inteligencia. Ella consiste en saber qué se sabe y qué no se sabe, en discernir lo uno de lo otro, en reconocer lo falible del propio conocimiento, en un equilibrio entre el saber y el dudar. Esta última expresión recuerda una conocida sentencia de Sócrates sobre lo que sabía no saber y esta otra de Montaigne: «No menos que saber, dudar me agrada». Saber y dudar no son polos contrarios excluyentes.

Frente al espejo de esa idea realista, socrática, de sabiduría, el maestro o maestra ha de hacerse algunas preguntas honradas: ¿sabe él mismo discernir?, ¿conoce sus propios límites de conocimiento?, ¿sabe reconocer la sabiduría infantil?, ¿sabe enseñar, transmitir, lo cierto como cierto, lo incierto como incierto?

La escuela puede fomentar la sabiduría infantil, al igual que la creatividad, pero también ahogarlas. El educador ha de preguntarse si fomenta no solo el conocimiento y la

---

[8] Abril de 2019.

creatividad, sino también esa tercera dimensión del espíritu a la que modestamente, sin subirse los humos a la cabeza, hay que llamar sabiduría o, sin humo alguno, cordura.

Reprender[9]

«Vale más reprimenda abierta que amor mudo» (Prov 27,5). Vale más también que el amor ciego o el que carece de manos.

A veces es preciso reprender. Amor incondicional –una redundancia, un pleonasmo, pues si no es incondicional no es amor o cariño ni tampoco amistad– no quiere decir amor acrítico. Aceptar incondicionalmente a los hijos, a los alumnos, no significa aceptar todos sus hechos. Por decirlo teológicamente: hay que aceptar al pecador, pero no el pecado. En lenguaje de psicología: la crítica de una acción de la persona ha de conducirle a la autocrítica, pero no a la erosión de su autoestima, de su autoconfianza. En criterio de pedagogía: esa crítica no es regañina o rapapolvo, no se ensaña con su destinatario, afecta a la acción reprobada y no debiera nunca golpear al educando en frases del tipo «eres un… [aquí un adjetivo insultante o descalificador]».

Reprender no es castigar, aunque el reprendido pueda vivir la reprimenda como un castigo. Se reprende con palabras, no con hechos, no con azotes, por supuesto; y ha de hacerse con palabras pertenecientes al orden de la razón. El reprender educativo es razonado, sin prolijidad de sermoneo, con razones al alcance del educando. Y las palabras con que se expresa forman parte del diálogo pedagógico,

---

[9] Mayo de 2019.

porque al reprendido hay que darle la posibilidad de rechistar dando a su vez razones, «sus» razones, por erróneas que sean.

Educar es un arte. Reprender educativamente también lo es. El educador ha de perfeccionarse en ese difícil arte. Siempre habrá quien lo haga mejor y quien lo haga no tan bien. Pero en esto, como en toda deontología profesional, hay líneas rojas que no es lícito traspasar: reprender nunca ha de ocasionar daños colaterales en la integridad psicológica del alumno.

Amarse y «amasarse» [10]

«El hierro afila al hierro, y el hombre se afina en el contacto de su prójimo» (Prov 27,17). Los proverbios son aforismos que en una sola línea se convierten en máximas con valor de exhortación moral, de moraleja, si queremos hablar así. En consejos morales, moralejas, suelen terminar las fábulas al extraer lección de una historieta de animales. De la naturaleza mineral –del hierro– extrae lección el autor bíblico para los humanos: nos afinamos moralmente, espiritualmente, en el contacto –también cabe decir: en el diálogo– con los demás. El filósofo ilustrado Shaftesbury, en un librito titulado *Sensus communis* (Sentido común), lo dice con esas exactas palabras: «Nos afinamos los unos a los otros, limamos nuestros ángulos y lados ásperos mediante una suerte de colisión amigable».

Un predicador guasón lo decía de manera aún más expresiva: Jesús mandó que nos amásemos y que «nos ama-

---

[10] Junio de 2019.

semos», que nos hagamos masa en la mezcla. Las aristas se suavizan con el contacto, con el roce, y tanto más cuanto más diferentes son aquellos con quienes nos rozamos: ellos y ellas, los de aquí y los de allá, los de este pueblo y los de otros pueblos, los mayores y los pequeños, los maestros y los alumnos.

El diálogo y la comunicación amigable tienen valor no solo para la convivencia en todos sus ámbitos –doméstico, escolar, civil, político–, sino también para el afinamiento personal de cada cual. O sea: también al egocéntrico le conviene, por su propio bien, comunicarse de manera amistosa.

Doble moraleja didáctica de todo ello: 1) educar en el respeto al turno de palabra; 2) educar en saber tomar la palabra y no callarse cuando llega el turno. Y no solo en cuanto a las palabras, también en cuanto a gestos y acciones en la secuencia de un episodio de interacción.

Libros maestros[11]

Da mucho de sí la hipótesis o fantasía de la isla desierta: ¿qué libro llevarse a ella? Insistamos en la pregunta y juego: sirve para discernir lo esencial de lo accesorio.

La respuesta depende mucho de si la soledad isleña será para el resto de los días o para una temporada con previsión de regresar a la vida cotidiana. En esta previsión, ¿qué recomendar a un maestro, una maestra? Un libro maestro.

Aunque él escribiera: «Doy consejo, a fuer de viejo, / nunca sigas mi consejo», sea recomendar *Juan de Mairena* o

---

[11] Marzo de 2017.

Machado, que instruye en toda la gama del oficio de educar a no importa qué edad con un magisterio socrático de preguntar y dejarse preguntar en diálogo jovial.

Para Machado, abolir el diálogo sería renunciar a la razón, a la humanidad, volver a la barbarie. Él trata de enseñar a hablar, a pensar bien y, socrático también en la autoironía, a dudar: «Pensad que no siempre estoy yo seguro de lo que os digo». En una reciente semblanza de Machado, una sobrina suya entrevistada recordaba que de niñas el tío Antonio les decía: «Observadlo todo, dudad de todo». También a escolares se les puede llevar a eso. De la sentencia evangélica «si no os hiciereis como niños...» extrae Machado: «Tratar de comprender como niños lo que queremos que los niños comprendan».

Preadolescentes pueden perfectamente memorizar y comprender: «Caminante, no hay camino, / se hace camino al andar»; «¿Tu verdad? No, la Verdad, / y ven conmigo a buscarla. / La tuya, guárdatela». Y aunque apenas necesiten comprenderlo –ojalá tarden en necesitarlo–, pueden cargar en la mochila de lo inolvidable el más patético poema: «Señor, ya me arrancaste lo que yo más quería. / Oye otra vez, Dios mío, mi corazón clamar. / Tu voluntad se hizo, Señor, contra la mía. / Señor, ya estamos solos mi corazón y el mar».

ANTOLOGÍA

Cuando uno hace mudanza a un apartamento más pequeño, ha de desprenderse de muchos libros, donarlos a amigos o a una biblioteca pública. Se queda con muy pocos,
esos que –se dice– están en la mesilla de noche o en unas
breves estanterías de la salita. Se añoran mucho, se echan
en falta tantos y tantos libros que ya no caben en el achica-
do espacio doméstico. Remedia su falta que recuerdas casi
a la letra las mejores de sus páginas y retienes lo esencial de
lo aprendido en ellas, de lo que te queda de ellas. Puedes
entonces reducir tu vieja biblioteca a un álbum de páginas
donde consta lo sustancial de lo leído. De esa reducción na-
cen los florilegios, las antologías y también las crestoma-
tías: colecciones de escritos para la enseñanza.

Hay todavía una vuelta de tuerca, un *tour de force* en la
reducción: condensar una página en una sola sentencia. Así
hacemos cuando se condensa a Descartes en el «pienso,
luego existo», a Ortega en «yo soy yo y mi circunstancia» o
a Pascal en «el corazón tiene razones que la razón no puede
comprender». ¿Cabe condensar así, en una sola línea, un libro del Nuevo Testamento, un evangelio, una epístola de
Pablo? Seguramente no. Pero puse mis pecadoras manos
sobre algunas páginas de esos venerados libros para extraer una sentencia, que sirve de pretexto o da pie a re-
flexiones más o menos acordes con las intenciones de los
respectivos autores y que constituyen la sustancia de lo que
me ha quedado de ellos.

Para una isla desierta[1]

Vale la pena plantearse, y más de una vez en la vida, qué objetos se llevaría uno a una isla desierta. Para adictos a leer, el juego puede concretarse así: ¿qué libro te llevarías a la isla? Catequistas y profesores de Religión responderían seguro: ¡la Biblia! Pero esta respuesta tiene truco y no podría admitirse como válida: la Biblia no es un libro, sino muchos y heterogéneos. Al apremiar en la pregunta y pedir un solo libro, el pastor reformado tal vez se inclinaría por las epístolas de Pablo, mientras que desde el catolicismo la respuesta casi unánime sería: ¡el evangelio! Todavía en esto hay truco, pues son una docena las cartas atribuidas a Pablo, algunas apócrifas, y cuatro los evangelios.

Para hacer de la pregunta una reflexión de fondo cabe afilarla así: si tuvieras que salvar en un arca para la posteridad un breve fragmento, no más de diez o doce líneas extraídas de los evangelistas, o si a tus hijos o tus alumnos, en transmisión de valores, de enseñanzas, hubieran de quedarles imborrables solo esas líneas, aun con olvido o desdén de todo lo demás, ¿qué versículos elegirías?

No es una pregunta saducea. A su modo, encarrila la cuestión planteada desde Feuerbach y Harnack: la «esencia del cristianismo» (en Karl Adam, la «esencia del catolicismo»). Es cuestión como para abrir una encuesta seria y realizar luego el correspondiente análisis.

Hay muchos textos candidatos. ¿Cuál elegir?, ¿el prólogo de Juan?, ¿las bienaventuranzas?, ¿el Padrenuestro?, ¿alguna de las parábolas?, ¿algún fragmento del largo discurso de Jesús, según Juan, en la cena última?, ¿el conjunto

---

[1] Febrero de 2017.

de las «siete palabras» en la cruz?, ¿el anuncio del ángel a las mujeres turbadas ante el sepulcro vacío (Mt 28,5-7)?

Vale la pena tener claro qué muebles salvarías si se incendiara la casa.

Cambiar de piel[2]

Lo viejo está desprestigiado. Se le opone lo joven. Pero también lo nuevo. En las epístolas de Pablo, el hombre nuevo. También la mujer, claro está, aunque Pablo dista mucho de ser un feminista, todo lo contrario. Hay una «mujer nueva», como titula Carmen Laforet una novela suya, muy controvertida, acerca de una conversión religiosa, que seguramente refleja la suya propia. Eso recuerda a William James, que habla de los conversos como «nacidos dos veces». Todo ello viene a cuento del «año nuevo, vida nueva». En sintonía con ese tópico hay una costumbre memorable, digna de emulación si se hace con cuidado para no romper la crisma a un transeúnte: tirar por la ventana sillas y cacharros viejos, o incluso la vajilla usada en Nochevieja, para así entrar en el nuevo año ligeros de equipaje. ¿Cabe emprender cada año una nueva vida? Puede que sí. Pero no hay que forzar el tópico. ¿Cómo vas a decirle a una chica de 10 años que ha de ser una chica nueva a fecha fija? Pero sí cabe decírselo cuando llegue la hora de la pubertad. O cuando cambie de etapa o de colegio. O hacerle llegar esto de un escritor romántico: «Cada seis años, un hombre viejo muere en mí». Cada seis o siete años cambian las células del cuerpo. Las serpientes mudan de piel como si se

---

2 Enero de 2016.

quitaran una camiseta; y de jóvenes, por el crecimiento, lo hacen cada pocas semanas. ¿Por qué no en el espíritu, alma o ánimo? Tampoco esto ha de suceder con cronología fija. Pero sí saber que puede producirse o requerirse en momentos como la pubertad; y tener mente abierta y flexible para que se extinga el viejo chico o chica y que nazca uno nuevo. A ellos y ellas hay que hacerles saber que esa identidad personal que han de forjar y que tratan de forjar en torno a la adolescencia tampoco va a valer para siempre. Algún día habrán de redefinirla para nacer como hombre nuevo, mujer nueva. Algún día habrán de cambiar de piel, como la serpiente, por exigencias del crecimiento, no por capricho a lo Michael Jackson. Y no falta quien ha asegurado que nada hay tan profundo como la epidermis.

Vida nueva[3]

El secreto está en «despojarse del hombre viejo» (Apóstol *dixit*). Ante lo de «año nuevo, vida nueva», uno se pregunta: y yo ¿qué nueva vida puedo emprender o me puedo permitir? Sí, siempre están los buenos propósitos. Algunos son demasiado ambiciosos, imposibles de cumplir; otros, tan minúsculos que no traen consigo vida nueva. Más fácil que imaginar lo «nuevo» y lo por hacer es identificar lo «viejo» y por abandonar: sea el tabaco, una adicción, una manía, una rutina tóxica, un prejuicio. Antigua costumbre en algunas regiones italianas era tirar por las ventanas la noche del 31 de diciembre objetos viejos e inútiles.

---

[3] Enero de 2021.

Cabe enfocar el despojarse como estrategia de prevención del síndrome llamado de Diógenes, aunque bien ajeno este filósofo al síndrome bautizado con su nombre y consistente en la acumulación de cosas viejas e inútiles. Precisamente, el filósofo vivía con solo lo indispensable, ligero de equipaje, mientras que el síndrome, más frecuente en personas ancianas y solitarias, consiste en no deshacerse de nada, tampoco de la ropa no utilizada ya, y ni siquiera de los desechos, la basura.

No se suele llegar al síndrome hasta la edad mayor. Pero a algunos jóvenes se les ve en camino por el modo en que guardan con celo objetos materiales sin valor, ni de utilidad, ni estética. Y lo peor es cómo guardan los prejuicios. A esos sí que hay que tirarlos por la ventana.

No dejar el «despojaos de lo viejo» solo en lo material, en desapego y reciclaje de objetos. Tomarlo en lo mental como un «desprendeos de prejuicios». ¿De cuántos y cuáles? Al menos de dos o tres. Nunca se es consciente de los propios prejuicios. Por eso hay que preguntar al mejor amigo o incluso al enemigo: «Dime cuáles son mis peores prejuicios». Y luego despojarse en consecuencia.

La sortija[4]

Sucedió pescando tiburones. Mucho costó izar a bordo al más gigantesco jamás capturado. Al abrirle en canal apareció en su vientre una sortija de oro macizo. ¿A quién le correspondía?, ¿al capitán?, ¿al que la descubrió? Cada cual quería la sortija para sí y todo el mundo parecía dispuesto a matar por poseerla. Decidimos jugárnosla a los dados.

---

[4] Mayo de 2017.

Fue una partida tempestuosa: saltaban los dados sobre la madera, se ocultaban las navajas bajo los anoraks. Todo se agitaba, también el mar, y más y más. Cuando solo quedábamos el capitán y yo, eliminados los otros uno a uno al echar los dados, aquello era una tempestad y había que agarrarse al maderamen para no caer. Le gané con dos seises al capitán y me puse la sortija en el anular. Entonces vi brillar los ojos de mis compañeros con furor malvado contra mí. Y entendí que era una sortija maldita que condenaba a su portador, que sería maldito a su vez. Me la quité del dedo y la arrojé a las aguas. Los demás enrojecieron de ira y quisieron echarme al mar también a mí. Traté de calmarles: «¿Por qué queréis matarme? Lo que vino del mar allí ha vuelto; es como si no hubiera pasado nada. Si no la hubiera devuelto al mar, tras haberme matado a mí, os hubierais matado luego entre vosotros, todos habríais muerto». Entonces se calmaron ellos y también las aguas. Y volvimos tranquilos a nuestro faenar.

No me sucedió a mí, tampoco a Le Clézio, que en una novela suya incluye ese relato, una buena parábola: el oro, el afán que despierta, como maldición. Igual parábola se extiende hasta doce horas de música en la tetralogía de Wagner: el oro del Rin, el anillo del Nibelungo. El anillo maldito ha de ser devuelto a las aguas o fundido en el fuego. «No se puede a la vez amar, / servir a Dios y a las riquezas». El oro no hace la felicidad.

Nadie es perfecto[5]

«Sed perfectos como vuestro Padre celestial es perfecto» (Mt 5,48). ¿Hay que ser perfectos o aspirar a ello? Por

---

supuesto, nadie puede serlo como el Padre celestial. Pero Baudelaire lo prescribió en modo laico: «Hay que hacer a la perfección todo lo que se hace». A contramano de ello, el muy católico y siempre paradójico Chesterton dijo que «lo que es digno de ser hecho es digno de ser mal hecho». Un escritor prolífico y muy leído entre los católicos medio siglo atrás, José María Cabodevilla, al comienzo de uno de sus libros, *Señora nuestra*, citó a Chesterton para justificarse por osar escribir imperfectamente sobre la perfecta Virgen María.

La aspiración a la perfección –a cierta perfección– es como la aspiración a la sabiduría, de la cual pensadores griegos se proclamaron no poseedores de ella, sino solo amantes, filósofos («filosofía» significa amor a la sabiduría). Fanatismo de la perfección es el perfeccionismo. Aplicado a los demás, es intolerante: no acepta el menor defecto en el prójimo, denuncia la paja en el ojo ajeno mientras no advierte la viga en el propio. Aplicado a uno mismo, es compulsivo, neurotizante, patológico. El perfeccionista pierde el tiempo y el norte al entretenerse en minucias de perfección, sufre mucho al contemplar una arruga o un grano en la piel, en la del alma. Aspirar a la perfección, sí; pero ¿exigirla?, ¿en otros?, ¿en uno mismo? Es melancólica, y no cómica, la gloriosa sentencia final de Jack Lemmon en *Con faldas y a lo loco* (Billy Wilder, 1959): «Nadie es perfecto». La perfección, como la felicidad, solo se alcanza alguna vez como por añadidura a una obra, a un trabajo, y a menudo como por azar. Desconfiemos de las hipérboles, consintiendo a la imperfección, aceptándola en uno mismo y, sobre todo, en los demás.

Como niños[6]

El comienzo de la sentencia «si no os hicierais como niños» (Mt 18,13) puede tomarse como test ideológico y de actitudes a semejanza del modo en que los psicólogos han propuesto y utilizan test –poco fiables, por cierto, para sus propósitos– de frases incompletas para que el sujeto por analizar las complete. ¿Cómo completar aquel inicio sin repetir lo de «entrar en el reino de los cielos»? La imaginación –o el pensamiento desiderativo– puede proponer sentencias como «si no os hacéis como niños, nunca seréis dichosos», o «no creceréis», o «no iréis a ninguna parte, no podréis entrar allí donde la puerta es estrecha o baja». Pero ¿qué es ser niño, permanecer niño o volver a serlo? No han sido comentaristas evangélicos, sino un personaje antibíblico, el Zaratustra nietzscheano de ficción, quien lo ha clavado en la «parábola de las transformaciones del espíritu»: de cómo el camello, que admite dócil toda clase de cargas, se transforma en león temible, indómito, con voluntad de poder, y luego, finalmente, en niño. ¿Y qué o quién es este? «Es inocencia y olvido, un nuevo comienzo, un juego, una rueda que gira por sí misma, un primer movimiento, una santa afirmación». Es una infancia no perdida o tal vez recuperada tras haber pasado, como en metempsicosis terrestre, por otras encarnaciones animales. Tiene hondo sentido una idea de la educación, la formal y la informal, como institución ordenada a preservar infancia y juventud frente a toda clase de envejecimiento, de docilidad de camello y de ferocidad leonina. Está, por otra parte, el consejo de 1 Cor 14,20: «No seáis niños en el juicio, más bien sed niños

------

en cuanto a falta de malicia, pero en cuanto al juicio sed maduros». No contradice a Mt 18,13, pues hay un madurar en la infancia moral y espiritual. Continuará.

No ya niños[7]

Ser como niños, sí, pero ¿hasta dónde?, ¿y en qué? La primera carta a los Corintios hace un par de puntualizaciones al «si no os hicierais como niños» de Mt 18,13. Para empezar, en 1 Cor 13,11 Pablo habla de su propia maduración personal: «Cuando yo era niño, hablaba como niño, pensaba como niño, razonaba como niño; pero cuando llegué a ser hombre dejé las cosas de niño (hice desaparecer lo propio de los niños)». Y algo después, en 1 Cor 14,20 pasa a aconsejar a los destinatarios de su epístola: «No seáis niños en el juicio, más bien sed niños en cuanto a falta de malicia, pero en cuanto al juicio sed maduros».

No me seáis niñatos, diríamos hoy; no seáis perpetuos adolescentes. Hay una inolvidable viñeta del inolvidable Forges. Están hombre y mujer en la cama cuando oyen un berrido: «Buaaaa… quiero agua». La mujer dice: «Está llorando el niño». Y el hombre: «Tiene 32 años». Sobran comentarios.

No razonar como un niño y madurez «en cuanto al juicio», dice 1 Corintios. Es lo mismo de Kant en su llamada al *sapere aude:* «¡Atrévete a pensar, a conocer!», frente a lo que consideraba una «culpable minoría de edad». Si hubiera que cifrar en una sola actitud la diferencia entre esa irresponsable minoría de edad –entre la puerilidad o la adoles-

---

[7] Febrero de 2022.

cencia mal curada– y la mayoría de edad mental, se resumiría en eso: en un modo de conocer ilustrado, es decir, bien informado y –todavía algo más, en nueva vuelta de tuerca– crítico, como puede y debe empezar a serlo al final de la enseñanza obligatoria. La educación tendría que contribuir al crecimiento y madurez de verdaderos hombres y mujeres, no niñatos sin autonomía propia, pendientes todavía de papá y mamá a los treinta años. Es el gran reto del educador: educar a niños y adolescentes para cuando –y para que– dejen de serlo.

Cariño[8]

«El cariño [*agapē*] es generoso, no envidioso, servicial. No fanfarronea, no busca su interés, no se irrita, no tiene en cuenta el mal. No se alegra en la injusticia; antes al contrario, pone su gozo en la verdad. Todo lo excusa, todo lo cree y espera, todo lo soporta» (1 Cor 13,4-7). El término *agapē*, que el teólogo reformado Nygren contrapuso a *erōs*, suele traducirse, sea por «amor» en la lectura de la epístola de muchas bodas, sea por «caridad» en otras ocasiones. Ahora bien, entender *agapē* como caridad desnaturaliza mucho, pues la caridad ha pasado a ser poco más que misericordia con los enfermos y los indigentes (lo que está muy bien), asunto solo de hermanitas de los pobres y de frailes hospitalarios (ya no tan bien). Entenderlo como amor lo trastorna no menos, pues pocas palabras para el afecto y el apego hay tan maltratadas y ambiguas. En cambio, decir «cariño» es acogerse a lo humano más profundo a la vez que gene-

---

[8] Diciembre de 2021.

ral: de los padres y madres a los hijos; en las parejas que se quieren de verdad; entre los buenos amigos. El cariño es incondicional, como no lo son la pasión o el eros. Por eso todo lo disculpa, no lleva cuenta de las ofensas acaso padecidas. En él, además, se aclaran mucho tanto el pretencioso amor universal a la humanidad como el modesto amor al prójimo. Es más fácil «amar» a todo el género humano que a la vecindad. No puede haber propiamente cariño a la humanidad, pero sí a los próximos, a los familiares, a amigos y compañeros, incluso a los vecinos. La ética del genuino amor –otra cosa es la de la compasión y la misericordia, también necesarias– es en verdad una ética del cariño: tener cariño a tu vecino como lo tienes a ti mismo, tenerlo a tus padres, a los compañeros de aula, en reciprocidad también entre maestros y alumnos.

Bienaventuranzas apócrifas[9]

«Bienaventurados los mansos, porque no condescienden a la discordia. Bienaventurados los misericordiosos, porque en el ejercicio de la misericordia encuentran ya su dicha. Bienaventurados los que padecen persecución por la justicia, porque les importa más la justicia que su destino. Felices los amados y los amantes y los que pueden prescindir del amor. Felices los valientes, que aceptan con ánimo parejo la derrota o las palmas. Felices quienes no insisten en tener razón. Felices quienes perdonan a otros y se perdonan a sí mismos. Felices los que guardan en la memoria palabras de Virgilio o de Cristo, porque estas iluminarán sus

---

[9] Febrero de 2021.

días». Hasta aquí, desordenados, algunos *Fragmentos de un evangelio apócrifo,* una página poemática de Borges.

Desde aquí, con permiso de Borges y, sobre todo, de Mateo, añadidura de cosecha propia: bienaventurados los pacificadores, porque la paz será con ellos, con su espíritu; / los que se contentan con poco, con lo necesario, porque eso es sabiduría y la mayor riqueza; / los que buscan, porque nunca serán defraudados; / los de mirada limpia, porque no les dañará ninguna suciedad; / los niños de corazón, porque tienen toda la vida por delante. Felices los que cuidan, porque es preferible cuidar a necesitar ser cuidado; / los que prefieren pactar a pelearse; / los que sueñan, pues hasta los no cumplidos sueños son una segunda vida; / los que ríen juntos; / los audaces, a quienes miedos inútiles no les amargan la acción. Dichosos los que han hecho un largo viaje de descubrimiento, los que amaron y fueron correspondidos, los que no guardan rencor. Y no habéis de sentiros desdichados si se os calumnia y persigue por una buena causa, pues no pocos espíritus nobles antes de vosotros fueron igualmente afligidos. Felices los que creen, porque su fe les da vidilla. Felices los que descreen, porque ellos no serán desengañados.

NAVIDADES

En la rutina anual de nuestra sociedad hay dos momentos de alto voltaje: el de comienzo de las vacaciones de verano, el de final y nuevo inicio de año. La escuela habría de hacerse cargo educativamente de uno y otro: preparar para el largo período vacacional veraniego y también para ese par de semanas sin clases que son las vacaciones de Navidad, desde el 20 o 21 de diciembre hasta el 7 de enero.

Esas fechas son vividas de modo muy distinto por diferentes sectores de la población. Para la mayoría giran en torno al año que acaba y al que empieza: las uvas, Nochevieja, Año Nuevo. Los cristianos celebran la Natividad por excelencia, el nacimiento de Cristo. Los laicos dicen festejar el solsticio de invierno igual que la noche de San Juan se festeja el de verano. Los niños reciben regalos una o dos veces: Papá Noel, los Reyes Magos. Los comerciantes y la restauración hacen su agosto en diciembre. Son fechas también de celebraciones domésticas, donde se reúnen familiares que tal vez ni se ven el resto del año. Leyendas urbanas ironizan sobre el encuentro en ellas de «los *cuñaos*». Leyendas aparte, el hecho es que en tales celebraciones a menudo saltan chispas y se rompen relaciones.

Las páginas de esta sección versan sobre cómo abordar en la escuela esos aspectos del paréntesis navideño. Sobra decir, como en el resto de este libro, que las sugerencias educativas en ella no son en absoluto dogmáticas y, por supuesto, manifiestamente mejorables.

Fiestas[1]

Los símbolos dan que pensar. Los mitos y los ritos asimismo, porque contienen símbolos. Y las fiestas, aunque también puedan y deban vivirse despreocupadamente, sin pensar en otra cosa que en vivirlas, al contener ritos y leyendas, constituyen excelente ocasión para hacer pensar, para educar. Por su propia naturaleza, las fiestas caen fuera del calendario lectivo y en el aula solo cabe hacerse cargo de ellas en días anteriores o en los posteriores, haciendo reflexionar sobre lo por suceder o lo sucedido ya. Así suele hacerse en el mes de diciembre respecto a la Navidad y a todo lo que la rodea: fiestas de Nochevieja y Año Nuevo, regalos de Reyes o Papá Noel, parafernalia consumista. ¿Qué vas a decir sobre esas fiestas y su parafernalia que no esté dicho? Hay otras festividades para traer a cuento. La primera en el curso escolar la del 1 de noviembre, que también se merece más de una semana de trabajo educativo por un puñado de razones: por costumbres tradicionales como la de visitar los cementerios, por haberse visto invadida –y desplazada entre los más pequeños– por un festejo profano y consumista, el de Halloween, de bien reciente importación. La mezcla de lo religioso y lo profano, de lo tradicional y lo reciente, de lo serio de la muerte y el reírse de ella, como lo han hecho y hacen no solo cínicos o grandes ironistas, sino los mexicanos y otros pueblos, proporcionan no menos materia que la Navidad para hacer reflexionar, para educar. Sobra decir que el modo pedagógico habrá que modularlo, como en cualquier cuestión, según edades. Dijo Unamuno que la conciencia de la muerte hace

---

[1] Octubre de 2015.

entrar a los individuos y a los pueblos en la pubertad espiritual. Se lo tomaba eso muy en serio; y no es obligatorio seguirle en ello. Tampoco hay que acelerar esa pubertad espiritual, aunque sí favorecer la de la mente y los sentimientos. Tal vez el mejor modo de hacerlo con ocasión del 1 de noviembre sea hablar a los niños y los adolescentes de otras costumbres rituales y leyendas en otras regiones del mundo, cargadas todas ellas de un simbolismo que les dará que pensar y madurar.

Cómo gestionar la Navidad[2]

El mayor reto educativo a lo largo de todo diciembre es cómo manejarse con la Navidad: ante ella, antes de ella. De tener claras las ideas sobre ese cómo, aprovecharía gustoso este espacio para sentar doctrina. Desde mi incompetencia, sin embargo, solo me siento capaz de aclarar ideas por la vía de confundirlas con preguntas por elevación, que trascienden al momento del año.

Sea empezar por preguntar cómo gestionar el desencanto de los niños al enterarse de que los Reyes Magos o el abuelo Noel son los papás. De esto suelen enterarse en la calle o en la propia casa. Pero, trascendiendo lo anecdótico, en la categoría hay que gestionar el desencanto respecto a iconos, leyendas, mitos de toda índole, no solo los de Navidades: gestionar de manera gradual, acompasada al tiempo biológico y al desarrollo mental, la entrada y la maduración en la razón: la salida, como diría Kant, de una «minoría

---

[2] Diciembre de 2016.

de edad culpable», en verdad culpable si se prolonga en años de una adolescencia perpetuada.

La pregunta del millón es cómo gestionar las tradiciones. El carácter tradicional no es pasaporte para cualquier costumbre: para la ablación del clítoris o para arrojar a una cabra desde una torre. Y con las tradiciones inherentes a una cultura, no digamos a una fe, hay que manejarse con cuidado extremo en la sociedad donde conviven credos diferentes y laicismo.

Ante la muerte, la sociedad secularizada ha encontrado algunos ritos comunes compartibles: el minuto de silencio, la música sin palabras, cirios, flores. Ante unas semanas de vitalidad, de vida, como las Navidades, la sociedad, la escuela, ha de acoger gestos comunes apropiados para compartir: los abrazos, los banderines desplegados, los cohetes, la música sin letra, las campanas, las luces, los aromas, los árboles.

Desenmarañar[3]

Son barrocas las fiestas navideñas, recargadas de dispares figuras: belenes, árboles, Papá Noel, los Magos y la estrella, luces y mercadillos en las calles. ¿Cómo poner algún orden en eso?, ¿cómo hacerlo ante hijos de familias cristianas y también no tan cristianas, más bien laicas? ¿Cómo armonizar lo que escuchan, ven en casa y en el aula? Las Navidades ponen a prueba la enseñanza en religión católica frente a otros credos, a otras religiones, a los laicos y al carácter aconfesional de las instituciones públicas.

---

[3] Diciembre de 2020.

82

Como muchos problemas educativos de calado, si no la solución sí el método está en guiar un diálogo horizontal entre los alumnos. Hay temas que han de resolverse de arriba abajo. Sería absurdo preguntar a los alumnos su opinión sobre si la Tierra es redonda o plana o si gira o no en torno al Sol. Si acaso vale como pregunta socrática, para conducir desde respuestas más o menos atinadas al conocimiento del sistema solar. Otras cuestiones, en cambio, no pueden zanjarse desde arriba, desde la tarima. Han de elaborarse finamente a partir de la puesta en común –mejor que confrontación– entre los preconceptos y prejuicios presentes en el aula.

La maraña de símbolos que rodea a las fiestas navideñas solo puede desenmarañarse si se abandona o matiza el lenguaje indicativo directo –«Papá Noel vive en un bosque nevado», «vinieron tres reyes al portal guiados por una estrella»– por un lenguaje indirecto: «La tradición dice que unos magos…», «una leyenda nórdica habla de un anciano de barba blanca que…». Ese lenguaje puede mantenerse incluso en el núcleo de la Natividad. No es heterodoxo hablar así: «El evangelio cuenta que Jesús nació…». Y añadir, desenmarañando todavía, que su narración es ajena al disparate del desaforado consumo por esas fechas.

Diciembre[4]

No la Navidad, sino diciembre, es la larga fiesta –civil, apenas religiosa– de Occidente. Desde su primer día se encienden luminarias en las plazas y las calles de las ciudades de

---

[4] Diciembre de 2015.

todos los meridianos, como para desafiar la menguante luz del otoño, y así hasta comienzos de enero, cuando empieza el sol a irse más tarde. Es una fiesta equívoca, al menos polivalente, que da pie a las más variadas interpretaciones y vivencias. Celebración alrededor de Natividad y Adviento, pero también del solsticio de invierno. Conviven los belenes con los árboles navideños, que tienden a desplazarlos. En unos países, los niños esperan a los Reyes; en otros, a Santa Claus o a Papá Noel. Hay niños privilegiados que tienen regalos el día 25 y luego el 6, y en más de una casa, también de los abuelos, mientras los hay que no reciben ninguno. Los villancicos suenan más en los templos del consumo, en los grandes almacenes, que en las iglesias. Y suelen sonar los más estúpidos, infantiloides y no tanto populares, aunque también se cuela aquel de que la Nochebuena se viene, se va, y nosotros nos iremos y no volveremos más. No es fácil manejar en la escuela esa complejidad, polivalencia, ante niños cuyos padres no comulgan con la Iglesia, ante adolescentes críticos, tocados ya por las dudas de un primer escepticismo, ante alumnos de otras tradiciones religiosas y culturales que pueden verse tan extraños en el diciembre occidental como uno de nosotros en el Ramadán islámico. No es fácil dibujar unas pautas educativas válidas. Inténtese, sin embargo: clarificar los significantes y significados de un diciembre equívoco; llamar la atención sobre el desaforado consumismo de esas fiestas; reflexionar en el recuerdo de cómo se vivieron el pasado año, con sus luces y acaso también sombras; desde tal reflexión, sugerir proyectos personales de vivirlas sin caer en los fallos del otro año ni en los tópicos de lo convencional; invitar a compartir con cualesquiera «otros» más allá del egocéntrico círculo del «nosotros» doméstico y de clase social; escribir algo acerca de todo ello, antes de y después de.

Qohélet[5]

Somos el tiempo que nos queda. Ojalá 2017 quede completo, intenso, feliz. Pero este año no volverá ya más. A quien no lo beba, lo saboree, lo respire, no se le ofrecerá una segunda vez.

Ese «ojalá» es bien distinto del que deseaba «próspero» Año Nuevo, una felicitación de comerciantes para quienes el tiempo es oro o ha de mudarse en oro, en ganancia. Y claro que el tiempo es oro, aunque en otro sentido, en el de la mayor riqueza existencial, vital.

Ojalá, pues, en 2017 haya tiempo para todo. En libro atribuido a Salomón, el sabio Qohélet enseña que la sabiduría consiste en manejar los tiempos: tiempo de llorar y tiempo de reír; tiempo de quejarse y tiempo de danzar; tiempo para guardar y tiempo que perder; tiempo de callar y tiempo de hablar; tiempo de amar y tiempo de aborrecer.

No es un péndulo mecánico. ¿Es el *Ying* y el *Yang*? Son las fluctuaciones de la vida, también las intermitencias del corazón. Ya el bebé las conoce, las vive bajo el modo de blanco o negro, de todo o nada. Para él, la mera ausencia de mamá es una pérdida como la muerte. Se tarda en madurar, en alcanzar la sabiduría de relativizar los tiempos mientras se los vive a tope. Se tarda en aprender que los malos momentos, aunque malos, son instructivos.

Lo más endiablado en la educación es tener que educar para cada cosa y para la contraria: educar para la salud y para la enfermedad, para el amor y para el desamor, para el logro y para el fracaso, para la gratificación y para la frustración, para ser uno mismo y para atreverse a ser otro.

---

[5] Enero de 2017.

«Hay tiempo de nacer y tiempo de morir», dice Qohélet. Ojalá podamos dar la bienvenida a la vida a hijos, nietos, hermanos, con esperanza, gozo y garantías de que sea buena para ellos. Y que sea la paz con aquellos para quienes 2017 sea su tiempo de marchar.

ICONOS

Iconos o imágenes por antonomasia han sido en el cristianismo las de Jesús y María. Pero también han abundado las imágenes de santas y santos. Se supone que la difusión de sus vidas y sus leyendas tenían un efecto de ejemplaridad sobre el pueblo fiel. Las beatificaciones y las canonizaciones han servido para elevar no solo a los altares, sino al rango de modelos de santidad, de virtud, a los así beatificados o canonizados.

¿Fue históricamente oportuna la proliferación de efigies de santas y santos en los templos? En la historia cristiana ha habido episodios iconoclastas. El más conocido se extendió en Bizancio en los siglos VIII y IX. También hubo destrucción o retirada masiva de imágenes en los templos que en el siglo XVI se adhirieron a la Reforma. En la actualidad, los templos no católicos suelen carecer de imágenes que no sean las del Cristo. Sin embargo, algunas confesiones no católicas mantienen un censo de personalidades ejemplares que se parece mucho, aunque no tan extenso, ni de lejos, al canon de santos y beatos católicos.

Otros santos[1]

Griegos y romanos, que tenían muchos dioses y diosas identificados con nombre propio y con historia, es decir, con leyenda, temían desconocer, haber olvidado a alguno

____

[1] Octubre de 2023.

y, en consecuencia, sufrir alguna trágica reprimenda por su parte. Así que elevaron y dedicaron algún altar «al dios desconocido». En los Hechos de los Apóstoles (17,23) se relata que, al ver Pablo en Atenas un altar con esa inscripción, aprovechó para decir de modo inteligente a los atenienses: «A ese dios al que vosotros honráis sin conocerle voy a anunciaros yo».

Casi todos los países han elevado altares, arcos de triunfo o simples tumbas en honor del «soldado desconocido», con los restos de algún soldado muerto en campo de batalla y no identificado. En esos restos se quiere honrar a todos aquellos, conocidos o no, que murieron por la patria (bueno, es un decir patriotero, pues murieron simplemente reclutados y forzados a ir al frente de batalla).

A semejanza del dios y del soldado desconocido, el cristianismo medieval decidió honrar a todos los santos y santas, también a los desconocidos. Hacia el siglo IX era ya una tradición bien consolidada dedicarles una festividad, aunque en fechas diferentes según lugares. Fue el papa Gregorio IV quien en ese siglo fijó la fecha del 1 de noviembre, según todavía se celebra.

El caso es que incluso santas y santos con fecha propia de celebración en el santoral son casi desconocidos. Si se dice san Francisco, viene a la cabeza el de Asís, olvidando que hay otros santos Francisco: el de Borja, el de Paula, el de Sales, algunos más. Si se dice santa Teresa, será la de Ávila, relegando otras Teresas santas: la de Lisieux, la de Calcuta, la judía Edith Stein, canonizada también como Teresa. Habrá que desempolvar su recuerdo y rendirles cumplida memoria.

Teresa Martin[2]

Se llamaba como cualquier chica castellana o leonesa, con un apellido, Martin, que en francés no lleva tilde y se pronuncia como con el típico acento nasal francófono. Nació en Alençon o Alenzón, Normandía, en una familia muy piadosa. Cuatro de los nueve hijos que tuvieron sus padres murieron a edad temprana, y las otras cinco hijas, incluida Teresa, la menor de ellas, hicieron votos religiosos. Tan piadosos fueron esos padres que recientemente, en octubre de 2015, también ellos han sido canonizados: san Luis Martin y santa María Celia Guérin.

Teresa ingresó con quince años en el Carmelo de la ciudad de Lisieux. Como carmelita descalza se llamó sor Teresa del Niño Jesús y de la Santa Faz. Allí, en ese monasterio de clausura, desarrolló una santidad precoz. De también precoz mala salud, no viviría muchos años; moriría recién cumplidos los 24, una edad, por cierto, a la que no llegaron otros santos: Luis Gonzaga, Estanislao de Kostka, Juan Berchmans.

En el monasterio escribió mucho acerca de sí misma, de lo que consideraba su «caminito» espiritual, el de ser como una niña, caminito émulo del *Camino de perfección* de Teresa de Ávila. Sus hermanas recogieron lo escrito por ella en *Historia de un alma* y también palabras suyas, durante su enfermedad terminal, en *Novissima verba*. Esos escritos permitieron a Juan Pablo II reconocerla como «doctora de la Iglesia». Quizá más importante: en 1944 fue proclamada copatrona de Francia junto con Juana de Arco, compensan-

---

[2] Noviembre de 2023.

do con una joven carmelita el por muchos cuestionado patronazgo de una joven belicosa patriotera.

Canonizada en 1925, «la santa más grande de los tiempos modernos» según Pío X, a esta Teresa se la llama cariñosamente Teresita, y se la identifica como «de Lisieux», donde tiene un santuario destino de peregrinaciones.

Edith[3]

Nacida en 1891 en una familia judía, Edith Stein se bautizaría cristiana a los 30 años y entraría en el Carmelo. De muy joven perdió la fe en Dios y dejó de rezar. Fue una de las primeras mujeres que cursó estudios universitarios en Alemania, con especial interés en la filosofía. Fue también tempranamente una feminista radical, involucrada en un grupo a favor del voto femenino. Estudió con el filósofo Edmund Husserl y bajo su dirección hizo una tesis doctoral sobre la empatía. También se aproximó a otro gran filósofo, Max Scheler, que le interesó en el catolicismo. Su interés mayor era por la verdad, y de ese anhelo dijo ella misma que constituía una oración. No dejó de considerarse también hebrea tras su conversión y bautismo católico. Doce años después de bautizarse ingresa en el monasterio carmelita de Colonia con el nombre de sor Teresa Benedicta de la Cruz. Al desatarse el terror nazi en Alemania, la trasladaron a un monasterio en Holanda, supuestamente más seguro para ella, aunque no lo fue. Allí redactó su testamento presintiendo ya su final próximo: «Desde ahora acepto con gozo, en completa sumisión y según su santísima volun-

---

[3] Diciembre de 2023.

tad, la muerte que Dios me haya destinado». Escribió un valioso ensayo sobre Juan de la Cruz, subtitulado *La ciencia de la cruz;* y tomó una sentencia suya como lema en el recordatorio del acto de sus votos perpetuos: «Que ya solo en amar es mi ejercicio».

Edith fue víctima, como tantísimos judíos, de la represión y exterminio nazi. En 1942, la Gestapo actuaba también en Holanda. La deportaron a un campo de concentración y luego a Auschwitz, donde acabó en la cámara de gas. Fue canonizada eclesiásticamente en 1998 y civilmente en 2008 al ingresar en el memorial Walhalla, cerca de Ratisbona, que acoge a personalidades de la cultura alemana.

Monseñor Romero[4]

Nacido y bautizado en 1917 con el nombre de Óscar Arnulfo, ha sido el primer salvadoreño y nativo de Centroamérica elevado a los altares. Hizo sus estudios de teología en la Pontificia Universidad Gregoriana, de Roma, y tras su ordenación sacerdotal tuvo una trayectoria eclesiástica sin nada relevante que destacar –cura en un par de parroquias de su país, luego obispo auxiliar– hasta que en 1977 fue nombrado arzobispo de San Salvador, capital de la república de El Salvador. Fue en esa sede donde en solo un par de años se distinguió por una clara alineación por los pobres y opción en favor de ellos, por la defensa también de la teología de la liberación y, sobre todo, la defensa de los derechos humanos. Tanto se distinguió en esto último que el Parlamento del Reino Unido le propuso para el Premio Nobel de la Paz

---

en 1979, un año en que ese premio recayó en otra nominada que también llegaría a santa: la Madre Teresa de Calcuta.

Monseñor Romero denunciaba la represión que en El Salvador sufrían las clases pobres y la propia Iglesia católica; y eso seguramente le costó la vida, como también le iba a costar a su amigo Ignacio Ellacuría. El 24 de marzo de 1990, mientras celebraba la eucaristía, un francotirador hizo un disparo mortal. Fue un asesinato instigado, sin duda, por alguna autoridad salvadoreña y que recuerda al que muchos siglos antes, en diciembre de 1170, sufrió Thomas Becket, arzobispo de Canterbury, en el atrio de su catedral mientras participaba con la comunidad monástica en el oficio de Vísperas: asesinatos ambos de origen político, dictados desde el poder.

Thomas Becket fue canonizado tres años después de su asesinato. Óscar Romero lo fue en octubre de 2018; y su festividad se ha fijado en el aniversario de su muerte, el 24 de marzo.

Sandra y Chiara[5]

Apuesto a que nadie ha oído hablar de ellas. Tampoco quien esto escribe tenía de ellas la menor noticia hasta haberlas encontrado en Google por azar. O no tan por azar, pues dio con ellas tras un par de horas de búsqueda examinando el perfil de los santos y beatos reconocidos recientemente por el Vaticano. Resulta que la mayoría de ellos han sido fundadores de alguna institución religiosa, y una buena minoría han muerto asesinados, o sea, se supone, márti-

---

5 Febrero de 2024.

res. Son perfiles con los que difícilmente se puede animar a la grey católica a aspirar a la santidad.

Buscando en Google el perfil imitable de personas laicas de nuestro tiempo en vías de canonización, aparecen Sandra Sabattini (1961-1984) y Chiara Badano (1971-1990). Nada extraordinario hubo en sus vidas. De adolescente, Sandra se sumó a una comunidad de base y trabajó con drogadictos, enfermos y personas con discapacidad. Fue estudiante de Medicina en la Universidad de Bolonia, llevaba un diario espiritual y tenía novio. Tenía, junto con su prometido, la idea de ir de misionera o médico a África después de casarse. Por desgracia, un accidente de tráfico segó su vida. Atropellada por un coche, ingresó en un hospital de Bolonia en un coma profundo del que ya no se recuperó, muriendo a los pocos días. El papa Francisco la beatificó en octubre de 2021. También Chiara se adhirió, y solo con nueve años, a una comunidad, la de los «focolares». Jugaba al tenis, hacía senderismo, le gustaba escuchar música pop, bailar y cantar. A ella se la llevó muy joven un cáncer óseo, cuyos dolores sobrellevó sin querer amortiguarlos con morfina. Benedicto XVI la beatificó en septiembre de 2010.

Las vidas de Sandra y Chiara, sus vías de santidad, son bien imitables, sin necesidad de seguirlas en sus tempranas muertes.

En la periferia[6]

Hay un perfil de santo que se marcha fuera del Occidente cristiano a su periferia y se establece en tierras de otra cul-

---

[6] Marzo de 2024.

tura, de otra religión, y no con intención de convertir a nadie a la fe cristiana, sino para testimoniar acerca de ella y para ayudar a la gente. El asentamiento puede ser en una megápolis, según hizo Teresa de Calcuta, o en una región poco poblada, desértica o casi. El desierto tiene atractivo añadido para los contemplativos, como Carlos de Foucauld (1858-1916), un hombre de familia aristocrática y de vida polifacética. Militar en Argelia, explorador en Marruecos, trapense en Francia y en un monasterio de Turquía, a su orientación mística no le bastó la vida monástica. Se retiró a Tamanrasset, en el Sáhara argelino, donde vivió diecisiete años en medio de bereberes que le respetaban. Le asesinaron unos forajidos en la ermita donde vivía. No creó ninguna congregación religiosa, pero su espiritualidad ha inspirado a muchos, en especial a los Pequeños Hermanos (y Hermanas) de Jesús, fundados por René Voillaume, y que siguen sus pasos en una vida contemplativa en la periferia de ciudades. Fue canonizado en mayo de 2022.

Fue semejante la vida y el final de unos monjes cistercienses en las montañas argelinas del Atlas. Vivían en perfecta armonía con los musulmanes de la zona, participaban en sus fiestas sin que fuera óbice la diferencia de religión. En situación de guerra civil, año 1996, frente a la alternativa de marcharse, deciden permanecer allí para seguir atendiendo a las necesidades de una población empobrecida. Un grupo de guerrilleros irrumpió en su monasterio y se llevó, secuestró y asesinó a siete de ellos. Sobre su vida se hizo una película en 2010: premiada en el festival de Cannes, *De dioses y hombres*. Fueron beatificados en 2018.

Utopía[7]

Había sido canciller del reino con Enrique VIII de Inglaterra, quien luego le hizo ejecutar por no aceptar ni su divorcio ni el juramento anglicano antipapista. Thomas More –Tomás Moro– había escrito en 1516 un libro titulado *Utopía*, donde dibujaba las costumbres y condiciones de vida de los nativos de una ficticia isla recién descubierta. «Utopía» = *ou topos*, o sea, «no lugar».

El libro puede ser leído como una novela, aunque More lo presenta como un tratado «sobre el mejor estado de una república» y, con alguna ironía, como «entretenido». Los ciudadanos de *Utopía* viven en un régimen de un socialismo idealista, que también se dice utópico justo por tener en ese libro –un experimento mental– la primera formulación doctrinal. Aunque el diseño de un socialismo nativista –al modo de lo que será «el buen salvaje», de Rousseau– es lo más comentado del libro, este contiene otro elemento destacable: los isleños, en su mayoría, profesan una religión natural monoteísta; son muy tolerantes con otros cultos y, en particular, respetan a los cristianos, que son minoría. Que More escriba esto diez años antes de que Lutero saliera con sus tesis contra las indulgencias y otros usos papales pone de manifiesto su extraordinaria visión del panorama religioso que se abría en el Renacimiento. More pertenece, junto con Erasmo, Luis Vives y unos pocos más, al grupo de humanistas que pudieron haber encaminado al cristianismo por una tercera vía, que no era ni la de Lutero o Calvino ni la de Trento. ¿Qué hubiera sido del cristianismo en la Edad Moderna de haber emprendido esa vía? Ahora este

---

[7] Abril de 2024.

gran hombre figura en el santoral católico y también en el anglicano; y hay templos dedicados a él en países angloparlantes: *Un hombre para la eternidad,* según el biopic del director Zinnemann (seis Óscars en 1966).

Vida por vida[8]

Nadie es perfecto, tampoco los santos. Al polaco Maximiliano Kolbe se le ha podido reprochar ideología y propaganda antisemita, como ha hecho, entre otros, el pensador esloveno Slavoj Zizek. La defensa apasionada de la fe católica ha estado siempre muy tentada a combatir al judaísmo; y el padre Kolbe, escritor, publicista, apologeta, además de franciscano misionero, seguramente incurrió en eso y no solo en meterse en el charco de aborrecer el sionismo. Creó en 1927 un monasterio denominado Ciudad de la Inmaculada, cerca de Varsovia, donde, entre otras actividades, se editaba una revista, *Caballero de la Inmaculada,* que alcanzó una tirada de 700.000 ejemplares. Tras unos años de misionar en China y Japón, de regreso a Polonia, puso en marcha una emisora de radio. Bajo régimen nazi dio refugio en la Ciudad a unos dos mil judíos (lo que desde luego no habría hecho un antisemita); y eso le valió arresto y más tarde traslado a Auschwitz. Fue en este campo donde ofreció su vida por la vida de otro. Se había fugado un prisionero y, como represalia, la jefatura del campo eligió a diez presos para morir de hambre y sed en un búnker. Uno de estos presos dijo: «He perdido a mi mujer y ahora se quedarán huérfanos mis hijos». Entonces Kolbe dio un paso adelante

---

[8] Mayo de 2024.

para ocupar el trágico lugar de ese hombre: «Yo no tengo a nadie. Soy sacerdote católico». Encerrados sin comida ni agua, al cabo de tres semanas Kolbe y otros tres condenados seguían vivos. Los guardianes del campo les remataron con una inyección letal. A quien le inyectó a él le dijo: «Usted no ha entendido nada de la vida, el odio es inútil, solo el amor crea». El monasterio-ciudad que fundó se reabrió tras la caída del nazismo. Ahora se le reconoce como santo; y en 1991 se hizo una película sobre él: *Vida por vida*.

De cine[9]

Pido disculpas por traer hoy recuerdos personales sobre películas de santos, que fueron frecuentes en el siglo xx y que ahora escasean. El santo seguramente más filmado ha sido el de Asís. Me acuerdo de haber visto en su momento *Francisco, juglar de Dios*, de Rosellini (1950), y *Hermano sol, hermana luna*, de Zeffirelli (1972). Tampoco me perdí *Fray Escoba* (1961), sobre san Martín de Porres, ni *Molokai* (1999), sobre el Padre Damián, ni la serie televisiva española, luego abreviada en película (1984), sobre Teresa de Jesús, con una Concha Velasco en papel inhabitual de su carrera escénica. De esos filmes no me ha quedado nada, solo un recuerdo nebuloso. Sí, en cambio, de la película muy anterior (1928) de Dreyer *La pasión de Juana de Arco*, revisitada más de una vez. En él son inolvidables las palabras escritas –a falta de voz en cine mudo–, así como los rostros de Juana, de sus jueces y carceleros, a veces ocupando toda la pantalla.

---

9 Junio de 2024.

También inolvidable es para mí *Monsieur Vincent* (1947), sobre san Vicente de Paúl, que vi en Zaragoza con 12 o 13 años llevado por mis padres. No es que de ella recuerde algo; pero sí tengo imborrable recuerdo de la regañina de que al día siguiente fui objeto por parte de un docente religioso y la consiguiente vergüenza que sufrí ante mis compañeros de aula. Al parecer estaba clasificada para mayores, vete a saber por qué. Conjeturo ahora que quizá porque Vincent rescataba del arroyo a alguna mujer de dudosa moralidad. Uno de mis profesores, al cual apreciaba mucho, aseguró que yo había pecado mortalmente al ver esa película con el agravante de haber ido con mi hermano más pequeño, dándole escandaloso mal ejemplo. ¿Cómo se había enterado?, ¿qué pajarito se lo dijo? Lo ignoro. Pero ese ha sido uno de los momentos más deprimentes de mi adolescencia.

OBRAS

Obras son amores y no buenas razones. En el legado moral y espiritual del cristianismo hay joyas que merecen conservarse y pulirse, aunque en su enunciado tradicional se hallen insertas en un marco o estuche que ya no es el de hoy.

No hay que confundir la misericordia con la lástima. De asignarle algún sentimiento sería el de empatía. Atender a quien lo necesita. Obras de ayuda.

Se vinculan a la caridad. ¿Habrían de ser reemplazadas por la justicia, por los servicios sociales?

No cuenta mucho a quién dices amar, por quién tienes los más apasionados sentimientos. Lo que cuenta es con quién te quedas, a quién cuidas.

Obras de solidaridad[1]

¿Siguen de actualidad las «obras de misericordia»? Recordemos: siete espirituales y siete corporales. Entre estas últimas hay alguna que tuvo sentido en el desierto, entre beduinos, pero ya no hoy, al menos en estas tierras: «Dar de beber al sediento». Aunque el agua es un bien escaso, por aquí nadie perece por faltarle un vaso de agua. Alguna otra, la de dar posada al peregrino, la ejercen dignamente los albergues de la ruta jacobea. De otro modo también la ejercen quienes aceptan en casa a un familiar, a un amigo o una amiga, que se quedaron sin vivienda o que se han ve-

---

[1] Octubre de 2019.

nido a vivir a otra ciudad y se hallan todavía en busca de nuevo techo. Para vestir al desnudo hay ONG que sirven de intermediarias para quienes, aun sin intención misericordiosa, se desprenden de ropa innecesaria, de la que no les cabe en los armarios.

La obra primera de las «espirituales» es la de «enseñar al que no sabe». Esto, obviamente, no es misericordia en el sentido tradicional de la palabra. Es algo que a diario hacen los adultos con los más pequeños y es una profesión –mejor, una vocación– de quienes se consagran a la enseñanza. En ejercicio de esa obra hay que enseñar en todas las demás. Es lástima que algunos repertorios tradicionales –sabios epítomes, fáciles de memorizar– de moralidad hayan caído en desuso, en el olvido. Habrá que desempolvar el sabio compendio de unas «obras» que, antes que de misericordia o caritativas, son obras de empatía, solidaridad, fraternidad.

A los pequeños –también a los mayores, claro– hay que enseñarles a no derrochar el agua, a no acumular ropa, a disponer de un plato de más, de una cama o un catre para quien pueda presentarse y necesitarlo. Aleccionar en las catorce obras de solidaridad es programa como para ocupar un curso entero.

Los que ya no están[2]

No es ya el sexo, sino la muerte, el gran tabú de la sociedad occidental. De ella no se habla, no existe. Aunque siempre en realidad se muere solo, en el pasado esto no sucedía a

---

[2] Noviembre de 2019.

solas. En la casa del moribundo estaban siempre la familia, los amigos e incluso simples vecinos. Hoy la muerte sucede en la mayor soledad social. En los hospitales hay enfermos a veces terminales, pero no hay muertos: cuando se produce un deceso, llega rápida la funeraria, que se lleva al reciente difunto al tanatorio. Esa muerte solo será visible allí durante 24 horas. Después se cumplirá la exclamación de Bécquer: «¡Dios mío, qué solos se quedan los muertos!».

Bien solos se quedan ellos excepto un día al año, el de difuntos, o su víspera, Todos los Santos. Se visitan los cementerios, se les llevan flores, se encienden velas… Viene luego el gran olvido durante 364 días. En Occidente no se lleva el recuerdo de los que se fueron con la devoción de otras culturas, y no solo de sociedades primitivas, también China. Y, sin embargo, la secuencia de los días 1 y 2 de noviembre obliga a pensar, meditar. Los primeros santos del catolicismo fueron difuntos próximos a la comunidad y que esta entendió que no debían haber muerto: no solo los «mártires», también, mucho más numerosos, aquellos y aquellas de una vida digna, entregada a los demás, y cuya ausencia nada puede reemplazar.

«Enterrar a los difuntos»: última de las obras de «misericordia», de piedad, piedad que ha de extenderse más allá del entierro o incineración y extenderse, cuando merecido, hasta el reconocimiento de un difunto como «santo», a su elevación a un altar familiar, como en los siglos primeros de la Iglesia.

Niños que me escucháis: recordad y decidme quiénes deberían estar aún aquí, aunque no ya no están.

Todos los Santos[3]

Es difícil educar para la vida sin hacer de la muerte un tema tabú. Hace falta mucha madurez y también filosofía para ello. En esta hay dos prestigiosas máximas contrapuestas. Una dice, con Montaigne, que filosofar es aprender a morir. La otra, de Spinoza, sostiene que en nada piensa menos el sabio que en la muerte. Son sentencias enfrentadas, pero no incompatibles. Se puede y se debe aprender que es una vida efímera, mortal, la que tenemos, sin por ello pensar mucho en el morir, excepto en circunstancias o momentos en que no cabe obviarlo. Hay mucha sabiduría en este breve diálogo de viñeta de Charlie y Snoopy: «Algún día moriremos» / «Sí, pero no todos los días».

A los niños, a los adolescentes, hay que ayudarles a aprender a vivir, pero no se debe inhibir ni soslayar el tema de la muerte y de los muertos. Es probable que el primer día de noviembre participen en algún acto familiar de visita al cementerio o de recuerdo de los que se fueron. La escuela no debería pasarlo por alto. En los días siguientes cabe preguntar qué han hecho el fin de semana anterior. Si ningún alumno refiere algún acto en relación con los difuntos, no hay por qué suscitar el tema. Pero si alguno o varios sí refieren, conviene escuchar lo que dicen, atenderlo y analizar sus sentimientos y pensamientos al respecto, cotejar imágenes, ideas, creencias de unos alumnos y otros, y así también esclarecerlas. Tal vez haya terrores fúnebres que disipar, y entonces habrá que implementar la sentencia de Spinoza: para nada habéis de pensar en eso. En ambiente cristiano se ha de resaltar que «los fieles difuntos» del día 2

---

[3] Noviembre de 2020.

son «los santos» del día 1. Feliz la familia que puede recordar como santos a los que ya no están, que los recuerda como las Iglesias en los primeros siglos.

Consolar al triste[4]

Hay varios candidatos al podio de pandemia y trastorno psicológico mayor de nuestro tiempo. Entre ellos está el estrés, pero seguramente la depresión es el trastorno más temible. La depresión grave suele requerir atención psicológica a fondo. La gravedad es siempre cuestión de grado. En la jerga de la psicología se habla por eso también de «distimia», permanente estado de ánimo abatido, por los suelos, a menudo sin «razón» aparente; y de «disforia», desarreglo pasajero –a veces duradero– en lo emotivo como consecuencia de una enfermedad, un duelo o alguna otra tribulación. A distimia y disforia el lenguaje ordinario las describe como tristeza.

El estado de tristeza no implica solo una vivencia o emoción desagradable, también falta de motivación y, en consecuencia, brazos caídos, pocas ganas de levantarse de la cama y de emprender actividades.

El listado de las «obras de misericordia» incluye consolar al triste. ¿Es posible? Lo es, aunque no fácil. No se trata de dar palmaditas en el hombro, pero sí abrazos. Una «abrazoterapia» es posible en el aula, en el patio de recreo: con abrazos o con simples apretones de manos. Tampoco se trata de palabritas superficiales del tipo de «¡cuánto vales!» o «la vida es bella», pero sí de palabras verdaderas, meditadas, animosas, que ayuden a levantar el corazón.

---

[4] Diciembre de 2019.

No se trata de ponerse a bailar o a cantar –tampoco se excluye–, pero sí de gestos de aceptación, de alegría comunicativa y compartida, contagiosa.

La infancia y la adolescencia, de suyo, son etapas de vitalidad. Hay niños y adolescentes, sin embargo, tristes o, peor, tristones. El educador ha de estar atento a los signos de tristeza y dispensarles un suplemento de atención positiva para ayudarles a salir del hoyo en que cayeron, a romper el caparazón tras el que se encerraron.

Ofensas y perdones[5]

En estas glosas, mes a mes, de las obras de misericordia sea hoy escribir sobre la de «perdonar las ofensas». Para la vida cotidiana baste con comentar que nos damos por ofendidos a menudo por minucias y con denunciar los interminables odios cainitas por acciones que apenas fueron dañinas para el ofendido. Somos demasiado susceptibles, tomamos como injuria cualquier desdén, olvido o crítica. La ideología del «honor», tanto la aristocrática como la rural, ha conducido a duelos con sangre, al asesinato del rival y de la pareja «infiel», a venganzas entre familias e incluso entre países o, más bien, entre sus reyes o gobiernos, a guerras con millones de víctimas. Hasta ahí la educación para el perdón de las ofensas resulta fácil. Ha de centrarse en desmontar esa perversa ideología y en reforzar la autoestima de los educandos para no darse por ofendidos, heridos, humillados por un quítame allá esas pajas. La vida escolar depara muchas ocasiones –peleas y roces entre alumnos– para esa educación.

---

[5] Enero de 2020.

No resulta tan simple, en cambio, ante ofensas mayúsculas. Para la mujer que ha sufrido una violación o para aquel a quien le han asesinado a su pareja, a un hijo, a un padre, ¿qué significa perdonar al criminal?, ¿olvidar?, ¿habrá que abrazarle?, ¿intentar que salga de la cárcel?

También niños y adolescentes pueden sufrir malos tratos devastadores: pederastia, acoso familiar o escolar *(mobbing, bullying)*. Tras cortar por lo sano –si hay algo «sano» en esos tratos– desde la autoridad competente, ¿en que habrá de consistir el perdonar? En esta sencilla columna no cabe dar y razonar respuestas para situaciones en verdad extremas. Quede esto para un máster de grado superior en ética. O para exegetas del Padrenuestro: «Perdónanos como nosotros perdonamos».

Hoponopono[6]

La obra o acción de «misericordia» relativa al perdón tiene otra cara, la de pedir perdón, y no a Dios solo, lo que puede resultar más fácil, sino a la persona de carne y hueso a la que se ha herido u ofendido. Frente al «sostenerla y no enmendarla» de la vieja hidalguía (¡ay, honor, cuántos crímenes se han cometido en tu nombre!) está el gesto de enmendar, rectificar, enmendarse, y eso empieza por pedir perdón.

Hoponopono es una técnica practicada desde hace cinco mil años –así se presume– por los nativos hawaianos. En su faceta social sirve para resolver problemas y conflictos en la comunidad, y por eso, de suyo, se practica en grupo. En sustancia consiste en decir, como en un mantra, tres o cua-

---

[6] Febrero de 2020.

tro palabras breves: «Lo siento, perdóname, gracias, te quiero». Más allá de –y junto con– su lado social, psicólogos actuales entienden que esa práctica contribuye también a la sanación anímica, mental, emocional, y que tiene efectos beneficiosos incluso en solitario, pronunciando esas palabras para uno mismo. No es superstición o magia entenderlo así. Está bien demostrado que el lenguaje interior positivo contribuye a eliminar pensamientos y sentimientos tóxicos, susceptibles de ser borrados o atenuados gracias a las oportunas autoinstrucciones.

La técnica *hoponopono*, perfectamente practicable en el aula, con el maestro como chamán, mediador o terapeuta, servirá para reducir o aliviar conflictos. En ella encontrará perfecto acomodo tanto el perdonar como el pedir perdón: gestos ambos, bien mirado, revolucionarios. No se olvide decir a los alumnos: pedir perdón es terapéutico, os sentiréis mejor. Ni mucho menos se olvide: las palabras y los abrazos de reconciliación están bien, son necesarios, pero no bastan, hay que tratar de remediar con actos el daño que se haya hecho.

Paciencia[7]

Es una de las virtudes cardinales, junto con justicia, fortaleza y templanza; y también forma parte de las actitudes de misericordia espiritual: sobrellevar con paciencia los defectos de los otros, del prójimo. En verdad, ser pacientes también se recomienda ante adversidades de la vida donde no entra en juego ningún otro: paciencia ante las limitaciones inherentes a la vida, paciencia en las enfermedades y en la

---

[7] Marzo de 2020.

convalecencia. El psicólogo Viktor Frankl, de sensibilidad existencialista, tituló *Homo patiens* uno de sus libros más notables: definió al ser humano como «paciente», capaz de sufrir, de padecer, y no solo en los hospitales o en las consultas médicas, sino en su naturaleza misma. Ahora bien, en ese orden, al ser paciente habría que añadirle ser resistente, reluctante, resiliente.

En cuanto virtud social, la paciencia se refiere al trato con los demás: a soportar con ecuanimidad sus defectos, sus limitaciones, sus manías. Atención, no se pide tanto como soportarlo con gusto o con alegre ánimo: esto queda para el nivel de santidad. En el nivel de buenas personas se pide tan solo ser ecuánime: soportar a los demás tanto como queremos que a nosotros nos soporten. Nadie es perfecto, todos tenemos defectos. La regla de «ama a tu prójimo como a ti mismo» se redondea con la de «sopórtale tal como deseas que te soporten». Y no son tan distintas la una de la otra: soportamos mejor a los que amamos, la convivencia es muy difícil entre quienes no se aman.

Actividad educativa práctica: escucharse unos a otros examinando en grupo qué defectos sobrelleva peor cada cual y hablar de cómo comportarse frente a eso; reconocer cada uno en voz alta los defectos propios y pedir por ellos tanto piedad, comprensión, como –no menos importante– ideas y ayuda para corregirlos.

Hospitalidad[8]

A poco que te adentres en las varias formulaciones y exégesis de las «obras de misericordia», te llevas sorpresas mo-

---

[8] Abril de 2020.

rrocotudas que ponen en cuestión nuestra cómoda sociedad. «Dar posada –u hospedaje– al peregrino» reza la versión tradicional de una de ellas. Peregrinos ahora apenas los hay, y caminantes, solo los de Compostela, que, por fortuna, encuentran el Camino jalonado de acogedores albergues. Las que en las parroquias se publicitan como peregrinaciones a los Santos Lugares las organizan agencias de viajes en paquetes turístico-piadosos que incluyen el avión, traslados en autocar y hoteles de tres o cuatro estrellas. No parece ir con ellos la «obra» en su habitual versión, que hasta ahí nada cuestiona. Pero con solo ensanchar un poco esa versión –«dar techo a quienes van de camino»– se abren situaciones de vértigo: la de quienes están de paso tratando de llegar a algún lugar mejor que aquel del cual huyen, un lugar donde encuentren trabajo; los «sin techo» que no tienen trabajo ni lugar a donde ir. La obra misericordiosa, empática o de solidaridad se amplía vertiginosamente entonces y se convierte en «dar albergue al necesitado». Hay todavía otra versión más atrevida, verdaderamente audaz, que consta en una página de Internet: «Acoger al extranjero», o sea, al emigrante.

¿Cómo contar todo eso a jóvenes, a niños? ¿Qué pueden hacer ellos al respecto?, ¿y los ciudadanos, los maestros? Todo eso rebasa las posibilidades de los individuos, que solo ocasionalmente podrán atender las exigencias de la solidaridad con los refugiados e inmigrantes, con los «sin techo». En la escuela habrá que crear «opinión pública»: razonar que la lógica de unas obras que no son simplemente de misericordia-compasión conduce a reclamar acciones responsables en las instituciones, en los gobiernos.

PANDEMIA

Para las generaciones que no han sufrido en carne propia los horrores de una guerra, el covid-19 significó el mayor trauma colectivo de sus vidas. Millones de personas fallecieron en todo el mundo, y entre los todavía vivos apenas hubo alguno a quien la muerte no le arrebatara a un familiar o a un ser querido, del que, además, a menudo no pudieron despedirse en sus últimos momentos ni en un rito de duelo. Los centros educativos cerraron a cal y canto durante el último trimestre de 2020 y reanudaron actividad el curso siguiente con rigurosas medidas: mascarillas, separación… Fue muy duro para todos; sin duda, especialmente para las víctimas que agonizaban en aislamiento en los hospitales y también para los niños, encerrados en casa, sin juegos al aire libre ni compañía con otros de su edad.

En los largos meses de máxima intensidad de la pandemia no hubo *influencer* que no hiciera saber sus opiniones, exhortaciones y pronósticos. Filósofos, intelectuales, escritores, artistas, famosos y famosillos se lanzaron en tromba a la piscina de juzgar sobre el asunto. No les dejaron solos a los científicos en determinar las causas y los efectos a largo plazo del covid-19 y los mejores medios para atajar su contagio. Hubo tanto negacionistas como apocalípticos. Hubo comparación con las emergencias de una guerra, aunque las circunstancias se parecieran en poco a las de las guerras. También se la calificó de enfermedad, cuando no fue una enfermedad cualquiera, sino una pandemia potencialmente letal.

Moralistas de buena voluntad resaltaron el aprendizaje ético que, a su entender, con la pandemia adquiría la humanidad: una mayor conciencia de su vulnerabilidad. Y predijeron que de ella saldría una sociedad más solidaria. Huelga apostillar que esta predicción, hija del deseo, no se ha visto cumplida.

Escribí en *Religión y Escuela* varios artículos sobre la pandemia y sobre su repercusión en la educación y las vidas de niños y adolescentes. Dos de ellos no llegaron a publicarse, desplazados por otros, que parecieron entonces más urgentes u oportunos. Ahora, sin urgencias, se les incluye aquí.

El hilo conductor de una idea atraviesa las páginas de esta sección: el cuidado de uno mismo está ligado al cuidado de otros. ¡Ojalá se hubiera aprendido esto en la dura experiencia de la pandemia!

La tormenta[1]

No es apocalipsis, sí situación extrema semejante, aunque diferente, de una guerra con la sociedad disociada en dos: un reducido colectivo, los que están en línea de fuego, y la mayoría de la población. En las últimas grandes guerras, ser enviado a primera línea conllevaba altísima probabilidad de morir o quedar con destrozos corporales de por vida. En la guerra contra el coronavirus, el personal sanitario y el de los servicios públicos corren un riesgo por fortuna no tan alto. Pero no escatimemos su reconocimiento como héroes. Para ellos vale la admiración de Camus por quienes «no pudiendo ser santos, se niegan a admitir las plagas y se esfuerzan por ser médicos», o por ser, añadamos, celadores, servidores públicos, los de limpieza, los de distribución y venta de bienes indispensables.

---

[1] Mayo de 2020.

Los adolescentes, que en una guerra son carne de cañón, y los niños, que en las guerras quedan huérfanos, deben ahora permanecer en casa. Ellos son ahora los protegidos, al igual que los ancianos y que la población general, y también los privilegiados en el deber de quedarse en casa, que es el privilegio de riesgo cero. Su reclusión casera es también un modo activo de luchar contra el enemigo, que esta vez no es un humano de otro país o de otro bando de un mismo país, sino un inhumano, un virus al que se le combate evitando que nos penetre por la boca, los ojos, la nariz.

Profetas intuitivos y analistas racionales compiten en pronosticar el futuro. Ojalá sea una honda conversión colectiva anticipadamente descrita por Murakami: «Cuando la tormenta de arena haya pasado, tú no comprenderás cómo has logrado cruzarla con vida. Ni siquiera estarás seguro de que la tormenta haya cesado de verdad. Una cosa sí quedará clara: la persona que surja de la tormenta no será la misma que penetró en ella».

Inhabitual vuelta al cole[2]

La próxima vuelta al cole no será como en otros septiembres. Ahora no se sabe aún el cómo de esa vuelta: en qué condiciones, con qué medidas de seguridad. Lo único seguro es que los meses transcurridos no han sido de vacaciones, sino de confinamiento, que ha podido ser muy duro para no pocos niños, que habrá dejado en todos una profunda huella, y en algunos, por desgracia, heridas. Sean cuando y como sean las evaluaciones, habrá que reanudar las clases evaluando, pero no tanto aprendizajes escolares

---

[2] Junio de 2020.

cuanto las huellas, las heridas. Después de meses sin apenas poder hablar ni con compañeros del cole ni quizá con otros amigos, todos necesitarán comunicarse, explayarse, contarse unos a otros qué han hecho, cómo lo han vivido. Sería funesto preocuparse solo o ante todo por recuperar materia y «temas» del currículo oficial, cuando lo importante es procesar e interpretar la experiencia vivida en estos meses y aprender de ella, una experiencia seguramente única en la vida de los niños y adolescentes de hoy, al igual que en la de los adultos y los ancianos, incluso de quienes conocieron la Guerra Civil.

Entre los «temas» no escolares, sino vitales, que toda la sociedad y, dicho en palabra mayor, esta civilización ha de haber aprendido, están la vulnerabilidad humana, la fragilidad de muchas estructuras sociales, la necesidad de cooperación, la importancia de la sanidad y de la ciencia. Añádase que a los educandos habrá que enseñarles el agradecimiento a sanitarios y a todos aquellos que aseguraron los servicios esenciales; y afinarles la sensibilidad hacia los que en medio de la tragedia lo pasaron peor: los ya enfermos, los ancianos, los solitarios, los desprotegidos. Hay materia ahí para un trimestre y no solo en clase de Religión o de Ética.

Sálvese quien pueda[3]

Como reacción de pánico en un naufragio o al saltar el fuego en una sala abarrotada, la multitud se entrega al «sálvese quien pueda». En un barco que se va a pique lentamente

---

[3] Julio de 2020, inédito.

puede haber alguna voz de orden, que por megafonía diga algo como esto: «Las mujeres y los niños primero». Pero rara vez es posible poner orden; y no pocos muertos se deben al desorden, al caos desatado por el pánico.

El covid-19 está siendo muy selectivo, discriminatorio. No se lleva a todos por igual, sino sobre todo a los ancianos, también a los vulnerables o con afecciones previas. Una sociedad civilizada debería siempre intentar poner orden frente al «sálvese quien pueda», en este caso, tratando de corregir al virus, y protegiendo, desde luego, a los ancianos: «Ellos primero». Había para esto más de una razón: desde luego, la de devolverles de algún modo lo que ellos han aportado durante muchos años a la sociedad. Pero en la emergencia extrema de saturación en hospitales –insuficiencia de camas, de respiradores– parece no haber sido siempre así. En más de una Comunidad Autónoma, el triaje o cribado médico ha operado en grave desatención de los ancianos, con el resultado de un porcentaje muy alto de mayores fallecidos. Al parecer, algunos (ir)responsables sanitarios han resuelto con desenvoltura el antiguo dilema moral de a quién de dos personas rescatar de un peligro mortal cuando solo hay medios para salvar a una. En una Comunidad Autónoma, la administración sanitaria ha recomendado en voz baja no hospitalizar a quienes por edad tenían mal pronóstico. En otra, en nombre de «racionalizar el abordaje de uno de los principales focos de emergencia», se ha remitido una circular a cerca de quinientas residencias de ancianos para que no enviaran al hospital a los afectados. El dilema se ha zanjado en la dirección de la «selección natural»: si hay colapso hospitalario, salvar y cuidar a los de mejor pronóstico. Los ancianos y las personas más vulnerables ¿no tenían derecho, al menos, a cuidados paliativos? Ha resultado así que los ciudadanos, teóricamente iguales ante la ley, no lo hayan sido en verdad.

Restablecerse[4]

El covid-19 no es, no ha sido, una gripe estacional, que pasaría con el verano, como pudo creerse al principio. Los entendidos continúan reservados en el pronóstico de la evolución, dando por seguro un nuevo episodio no tan intenso a finales de otoño. La sufrida sociedad, todavía en estado de alerta o alarma, aunque ahora también de alivio, está impaciente. No puede llevar los ocios y los negocios como quisiera. No quiere seguir limitada en movimientos por más tiempo. Respecto a fiestas y ocios: ¿para cuándo y cómo los viajes y las playas?, ¿y las ferias? Todo se va a aplazar, todo se ralentiza y dosifica: acaso una boda prevista en la familia o una primera comunión. Respecto a la economía, según también algunos sabedores, un tanto apocalípticos, se está todavía en el dilema del atraco: la bolsa o la vida. Hay que elegir entre la actividad productiva a tope, respectivamente el consumo, y la salud, la contención del virus.

Para los profesionales sanitarios y los trabajadores en servicios esenciales esta ha sido una experiencia única, que ojalá no se repita. La humanidad ha debido aprender algunas cosas: la vulnerabilidad del ser humano, pese a todo su poderío tecnológico; la fragilidad también de las instituciones y estructuras sociales; la urgencia de medidas drásticas de cuidado del medio ambiente, de preservación de la na-

---

[4] Noviembre de 2020, inédito.

turaleza; la importancia impar de una buena sanidad pública a disposición y al alcance de todos; el precioso valor, de muy alto rango entre los oficios y profesiones, de la ahora denominada *caring class*, la clase social de los cuidadores; la necesidad de revertir los recortes sanitarios allí donde los haya habido; también la de no externalizar a otros países la producción de elementos sanitarios básicos.

Los ciudadanos de a pie igualmente tendríamos que haber aprendido algo: a diferenciar lo esencial de lo accesorio, lo indispensable de lo prescindible. Seguramente hemos aprendido que, por mucho que se hagan previsiones, planes, todos ellos se pueden ir al garete de un plumazo por una emergencia local o universal. También hemos podido comprobar que se puede vivir sin viajar, sin comer fuera de casa y sin ir de copas. Esto ha tenido efectos laterales de claustrofobia en algunos. Pero el tratamiento y cura de esa claustrofobia será menos dramático que la UCI, a la que todos pudimos ir a parar.

Durante el clímax ha saltado a la vista el hecho de que la vivienda es factor capital en la calidad de vida. No ha sido lo mismo pasar la reclusión en un piso compartido de 60 metros que en un chalé de 300 con jardín. Si hay en tu casa un pasillo de 10 metros, donde poder ir y venir cien veces, caminar unos kilómetros, eres afortunado, no digamos ya si tienes amplia terraza o patio.

Se nos dan ahora consejos semejantes a los clásicos para cualquier convaleciente, no lo típico de dejar de fumar, tomar menos café, menos alcohol, pero sí mucha higiene, ejercicio moderado y otras indicaciones que, por consabidas, no hace falta reiterar aquí. Las resume todas un *memento:* aunque convaleciente, acuérdate de que no estás curado. ¡Cuídate mucho! Está dicho hasta la saciedad: cuídate y así cuidarás a los demás. También entre familiares y amigos la principal palabra de afecto ha sido ¡cuídate! Entre ellos es un modo tácito, indirecto, de decir «te quiero». Por lo privado, cariñoso, y por lo público, social, lo han dicho sobre todo a quienes por edad u otra razón pertenecen a grupo más vulnerable.

Algunos que no quieren cuidarse, vacunarse, han llegado a hacer alarde público de su negacionismo. No cabe decir «allá ellos», porque su culposo descuido puede alcanzar a muchos otros. Ahora y por un tiempo no breve el autocuidado va a ser la mejor forma no ya solo de amor propio, también de afecto y de simple respeto a los demás. Si, pese a ese respeto, el virus regresa, como se prevé, en unos meses, sin resignarse en el «Dios nos coja confesados», que el rebrote nos pille sanitariamente preparados. Dicho sea para la gobernanza de la salud pública.

Escolaridad difícil[5]

Difícil va a ser educar en el mismo escenario físico bajo condiciones tan diferentes de las de otros cursos: grupos-burbuja estancos, mascarillas, aislamiento recíproco, prohibición de abrazarse, de tocarse, de compartir cosas, estricta higiene en todo. La situación, encima, está plagada de incógnitas, cuando las medidas preventivas, por otra parte insuficientes, llegan improvisadas a última hora. Comoquiera que sea el comienzo escolar en una ciudad, en un centro, no se sabe cómo puede cambiar en un mes, en una semana.

---

[5] Octubre de 2020.

116

Contenido obligado de la educación moral habrá de ser el respeto a las normas que previenen del contagio. A los más pequeños habrá que enseñarles a no abrazar a los abuelos: la mejor forma de mostrarles cariño es no tocarlos. A los adolescentes será recordarles a tiempo y a destiempo: que no se hagan los valientes a cara descubierta, que no le pierdan el respeto al virus, que también ellos están expuestos a una infección con posibles secuelas de por vida, que en algún momento podrían estar afectados aun sin tener síntomas, que se sientan siempre responsables para no transmitirlo en modo alguno.

A todos ellos, en toda edad, habrá que educarles en la aceptación de la incertidumbre. Solo tardíamente en la vida suele llegar a aprenderse lo incierto de las circunstancias. Esta vez, sin embargo, todos hemos debido aprenderlo de sopetón el pasado marzo. También los alumnos lo han aprendido; han demostrado responsable madurez en los meses de reclusión. Hay que reflexionar sobre esa experiencia, cómo la han vivido ellos, y ver qué lecciones se extraen de ella. Entre esas lecciones está la necesidad de estar preparados, flexiblemente dispuestos a pechar con posibles sustos y también a disfrutar con buenas sorpresas de la vida.

Un año[6]

Se cumple un año del inicial confinamiento, seguramente el trauma colectivo más grave para generaciones que no han vivido una guerra. Junto con las posteriores restriccio-

---

[6] Abril de 2021.

nes de actividades y movilidad, estos meses no han sido igualmente traumáticos para todos, pero sin duda han sido una experiencia bien dura para muchos, especialmente para quienes han estado hospitalizados, para los sanitarios en directo trato con los pacientes, para aquellos que han perdido un familiar. Sesgo propio de educadores ante cualquier experiencia, por negativa que sea, es preguntarse qué se ha aprendido de ella, en ella.

La sociedad entera debería haber aprendido que la distancia física no debe llevar consigo distanciamiento emocional ni relajación del cuidado recíproco; que no abrazar a personas muy queridas resulta bien duro, pero que, a falta de contacto físico, las palabras pueden trasladar una carga de afecto no menos profunda; que además de las sanitarias hay otras actividades esenciales poco apreciadas, cuyos encargados –desde conductores de autobús hasta cajeras de súper y tenderos– merecen un reconocimiento también salarial que hasta hoy no han tenido; que el ocio y las muy respetables actividades superfluas pueden organizarse de otro modo, aunque todos tenemos muchas ganas de recuperar libertad para hacerlo a nuestra manera y como nos plazca.

La comunidad educativa ha debido de aprender algo acerca de la necesidad de educación presencial para todos a la vez que de las posibilidades de la instrucción digital y los programas informáticos incluso para los pequeños. La comunidad católica también ha podido aprender que cabe celebrar muy piadosamente la Semana Santa sin procesiones. ¿Cómo hacer en lo uno y lo otro? Dejemos aquí al lector con su imaginación y su inteligencia.

Del yo al nosotros[7]

El umbral decisivo en la adquisición de la conciencia cívica y moral está en la capacidad y la actitud de colocarse en la piel de otros, en sus zapatos, y así pasar del «yo» individualista al «nosotros» solidario. Ese paso, que tiene un importante componente cognitivo, requiere capacidad de abstracción en el niño y se puede fomentar educativamente. Varias técnicas se han preconizado para eso, entre ellas, la de proponer dilemas morales, examinar cómo los captan niños y adolescentes, cómo los resuelven y cómo razonan su opción.

En la actualidad hay una circunstancia que da pie a impulsar la conciencia ética del «nosotros»: el uso obligatorio de la mascarilla desde los seis años. Ni siquiera hace falta haber llegado al nivel cognitivo de un pensamiento abstracto, que se consolidará en la adolescencia, para hacer entender varias cosas a los más pequeños: la mascarilla protege a uno mismo y a los demás; puede que a los niños el virus apenas les afecte, incluso, si les infecta, apenas sufren trastornos; pero si les contagia, aun sin síntomas, pueden ellos, a su vez, transmitirlo a otros, a padres, abuelos, adultos en general, en quienes podría haber una afección grave; la mascarilla funciona como barrera de contención no solo para mí, sino para todos los que me rodean y, a la larga, para toda la sociedad.

El razonamiento vale igual para la vacunación actual, que no induce inmunidad esterilizante, pero preserva de desarrollar la enfermedad. Aunque esta de momento no se proponga a los jóvenes, sí que conviene hacerles reflexionar:

---

[7] Mayo de 2021.

que vayan percatándose –y que lo manifiesten en su entorno– de que vacunarse es, como la mascarilla, un acto social, de solidaridad; es protección no tanto egoísta para el individuo cuanto altruista, solidaria para con la colectividad.

Cuídate mucho[8]

En los meses de pandemia se ha hecho habitual despedirse con un «cuídate» o «cuidaos mucho» en vez de –o junto con– los besos o abrazos de rigor entre personas próximas. Equivale al *cura ut valeas* o, más abreviado, al *valeas* o «¡vale!» latino al término de una carta, significando: cuídate para estar bien, que sigas bien, que tengas salud o al más simple aún «salud».

El cuidado se ha erigido en eje de una ética. El «ama a tu prójimo como a ti mismo» ha venido a concretarse en «cuida de tus próximos como de ti mismo», «cuida a otros como querrías que te cuidaran a ti». Es cuidado de los más vulnerables: niños, adolescentes, ancianos. Lo es de la salud física y también de la mental, la anímica.

Seguramente, nunca como ahora, frente al virus, cuidarse a uno mismo es el modo mejor de cuidar a los demás y a la recíproca. A los descerebrados que se aglomeran en festejos hay que reprocharles que en su irresponsable descuido del autocuidado están poniendo en riesgo a los demás, no ya al resto de descerebrados del fiestón, sino a muchos otros de su entorno en una potencial cadena de transmisión.

---

[8] Junio de 2021.

Una ética del cuidado implica, además, un gran respeto y reconocimiento –y no solo retórico, sino económico– de los «cuidadores», sea de la salud o de concretas personas que necesitan especial cuidado: personal sanitario, asistentes de ancianos en residencias y en hogares, cuidadoras de niños. En estos últimos apartados entran muchos trabajadores procedentes de otros países y sin los cuales no podría mantenerse una sociedad de cuidados. Ahí el cuidado de los demás se extiende a un cuidar a los cuidadores, en particular a aquellos que han venido de otro lugar, quizá con otro idioma, también ellos por eso mismo vulnerables y necesitados de mayor esmero en el cuidado.

Pandemia y guerra[9]

Hasta a los niños pequeños fue preciso hablarles de la pandemia. En la primavera –¡y vaya primavera!– de 2020 hubo que explicarles por qué no iban a la escuela, al colegio (hasta ahí no había que razonarlo mucho), y para justificar (esto sí era necesario) que no podían salir de casa, como no pudieron hacerlo en un par de meses. Se les contó lo del virus, el bichito tan pequeño que era invisible y, sin embargo, letal. Hizo falta mucha fe infantil para creerse ese relato que los mayores tampoco nos creímos hasta que no vimos los que enfermaban y morían. Más tarde ha habido que explicarles la necesidad de la mascarilla, etc. Esta generación ha experimentado en carne propia que la vida no es rosa.

En todo ese tiempo no se les ha hablado de la guerra ni siquiera a los adolescentes, aunque había entre tanto en el

---

[9] Mayo de 2022.

mundo no solo pandemia, sino unas cuantas guerras: ¡estaban tan lejos!, ¡no nos afectaban! Y, sin embargo, hablar acerca de las guerras es un capítulo indispensable de la educación moral en todos los niveles escolares según la capacidad de comprensión y razonamiento en cada edad. Lo más fácil de entender es el escenario de niños muertos o huérfanos, de sus hogares destrozados, de la necesidad de viajar con frío y hambre lejos del conflicto. En otro nivel hay que entender la diferencia entre el agresor y el agredido, el fuerte y el vulnerable, entre atacar y defenderse, entre el poder violento y la preservación del propio ser. A esta generación, como a todas, hay que enseñarle que el mundo dista mucho de ser rosa no solo por los virus, sino también por los hombres, por ciertos siniestros personajes. Hay que enseñarle que las larvas del monstruo pueden incubarse ya en el patio de recreo, en el acoso o el desprecio al torpe, al débil, al distinto.

CODA

En junio de 2020, Antonio Roura pidió «una valoración general de la línea editorial y de los temas tratados en la revista durante este curso». Le contesté «desde la esquina», desde el espacio menor que ocupaba en los números de *Religión y Escuela* en estos términos:

¿Valoración de la revista? Ha de hacerla el colectivo de sus lectores y no tanto el de los colaboradores. Entre los lectores debe de haber, quizá mayoritarios –imagino–, los muy cercanos a la catequesis. De ser así, la revista les satisfará, pues la mayor parte de los artículos caen de ese lado. La línea editorial trata de atender –me parece– sobre todo a ellos. No gustará tanto a otros que preferirían un enfoque no catequético de su docencia, enfoque que está menos representado. Seguramente soy parcial al enjuiciar la revista desde esa misma preferencia: desde mi esquina ajena ahora a la catequesis.

No soy quién para aconsejar líneas editoriales de futuro. Creo, de nuevo, que en eso mandan los lectores. Pero esto no excluye que la dirección y los redactores trabajen para «educar» a esos mismos lectores: darles criterios, descartar prejuicios.

Cierta valoración la había hecho unos años antes, cuando con motivo del número 300 de la revista también había solicitado Antonio Roura un comentario acerca de ella. Titulado «Tricentenario», pese a que eran trescientos números, no años, expone un juicio personal sobre ella, que, si bien muy discutible, no desdice como última página de esta recopilación.

Tricentenario[1]

El número 300 de la revista, longevidad de treinta y tres años, llama a una glosa. Merece felicitación; pero que no se quede en mera complacencia. Merece reflexión hacia atrás y hacia adelante.

Hacia el pasado puedo remontarme –perdón por mi autismo– hasta antes del comienzo de la revista: hasta los años sesenta. Por entonces, el nacionalcatolicismo, vigente sin fisuras, hacía no solo fácil, sino obligada, la religión católica en la escuela. En parroquia de un pueblo de mil almas durante tres años, acudí semanalmente a las cuatro aulas de la escuela local para catecismo. Luego, a lo largo de tres cursos, impartí la asignatura de Religión –una de las tres «Marías»– en las cinco Facultades entonces existentes en la Universidad de Zaragoza: diez horas lectivas por curso en cada Facultad.

Medio siglo más tarde, la relación entre religión y escuela se ha vuelto compleja, endiabladamente complicada. ¿Religión católica *en* la escuela? Varias circunstancias concurren para cuestionar su actual formato: 1) La desafección de una parte de la ciudadanía respecto a una presencia *disciplinar* de lo religioso en la escuela. Los hay que, aun eligiendo esa enseñanza para sus hijos, discrepan respecto al modo de impartirla. 2) La asistencia a la escuela de niños y familias de otras religiones, como la musulmana. No se ve cómo podría haber para ellos, en qué condiciones, con qué imanes o maestros, designados a dedo por quien corresponda, una enseñanza equiparable a la católica. 3) El currículo que rige la enseñanza de religión rezuma catequesis por todos los poros. Incluso profesores que de la catequesis

---

[1] Mayo de 2016.

eclesial desean diferenciar el área de Religión lo tienen muy difícil, pues el currículo oficial empuja a catequizar. 4) El respaldo jurídico de los Acuerdos con la Santa Sede no vale de coartada moral para eventuales profesores, que desistan de esa docencia para no colar de tapadillo el catecismo en las aulas. En tal desistimiento, y no ya solo por la designación episcopal, el profesorado de Religión acaso esté sesgado y represente a los sectores más conservadores de la comunidad cristiana.

Post scriptum

La relectura del libro para la corrección de pruebas me lleva a pedir disculpas por un par de descortesías para con el lector que he observado.

Una es menor: algunas citas y pensamientos se repiten de una página a otra. Esto se justifica por haber sido páginas inicialmente publicadas separadamente, en distintos momentos. Al juntar esas páginas en un libro aparecen líneas reiterativas sin poderlo remediar. Se han mantenido las reiteraciones porque suprimirlas ahora alteraría la unidad coherente de cada página.

Otra descortesía es mayor, y entono un mea culpa por ella, aunque a estas alturas del proceso editorial no pueda corregirla. Me refiero a mis insistencias por activa y por pasiva en que la escuela o el profesor «habría de» hacer esto o lo otro. Esa insistencia contradice la idea de educación que, por lo demás, preside este libro: como actividad de guía de los educandos, también de consejo con escasas prescripciones. Tome el lector con paciencia y a distancia la insistencia senil del autor en su modo de aconsejar a los más jóvenes y no dude en corregirla por su cuenta con sentido crítico.

ÍNDICE

INTRODUCCIÓN	5
EDUCACIÓN	7
Grados de la enseñanza	8
Vuelta al cole	9
Educar, aprender, ¿estudiar?	11
El grupo aula	12
Cuadrar la educación	13
MORALIDADES	19
La espuma	20
Cuídate	21
Consejos apócrifos	22
Los tres dones	24
Desarrollo moral	25
Lema en tres colores	26
Educación en (inversión de) valores	27
APRENDIZAJES	29
Aprender a pensar	30
Aprender a querer	32
Aprender a decidir(se)	35
Aprender a reír	36
Aprender a mirar	37
Aprender unos de otros	38
ANATOMÍA	41
La cabeza	42

Las manos 45
El corazón 46
Aparato digestivo 48
Sexo 49
Piernas/pies 50

Consejos 53
Sabiduría y discernimiento 53
Consejos mínimos.. 55
La cigarra y la hormiga 56
Mandamientos que son lámparas 57
Cambio de hora.. 58
Resiliencia 59
Respuesta salomónica 60
Reprender 63
Amarse y «amasarse».................................... 64
Libros maestros 65

Antología... 67
Para una isla desierta 68
Cambiar de piel.. 69
Vida nueva... 70
La sortija.. 71
Nadie es perfecto 72
Como niños.. 74
No ya niños.. 75
Cariño 76

Navidades 79
Fiestas 80
Cómo gestionar la Navidad 81
Qohélet.. 85

Iconos 87
   Otros santos 87
   Teresa Martin 89
   Edith 90
   Monseñor Romero 91
   Sandra y Chiara 92
   En la periferia 93
   Utopía 95
   Vida por vida 96
   De cine 97

Obras 99
   Obras de solidaridad 99
   Los que ya no están 100
   Todos los Santos 102
   Consolar al triste 103
   Ofensas y perdones 104
   Hoponopono 105
   Paciencia 106
   Hospitalidad 107

Pandemia 109
   La tormenta 110
   Inhabitual vuelta al cole 111
   Sálvese quien pueda 112
   Restablecerse 114
   Un año 117
   Del yo al nosotros 119
   Cuídate mucho 120
   Pandemia y guerra 121

Coda 123
   Tricentenario 124
   Post Scriptum 125

COLECCIÓN EDUCAR

Carta a una maestra, ALUMNOS DE LA ESCUELA DE BARBIANA
(7ª ed.)

La autoestima del profesor, Franco VOLI

La motivación en el aula, Jesús ALONSO TAPIA y Enrique
CATURLA FITA

La estimativa moral. Propuestas para la educación ética,
Marciano VIDAL

Escuchar el mundo, oír a Dios, José Luis CORZO (dir.)

La educación en valores, Abilio DE GREGORIO, Javier ELZO,
Pilar FERREIRÓS, Pio LAGHI y Ramón PÉREZ JUSTE (4ª ed.)

Pedagogía del sentido, Francesc TORRALBA (2ª ed.)

Desafíos para recrear la escuela, José María MARDONES (2ª ed.)

Ética y voluntariado, Agustín DOMINGO MORATALLA (2ª ed.)

La relación profesor-alumno en el aula, Pedro MORALES
(3ª ed.)

Los derechos humanos en la situación actual del mundo,
Carmelo GARCÍA

Reinventar la solidaridad, Luis ARANGUREN GONZALO

Televisión y familia. Un reto educativo, Luis Fernando
VÍLCHEZ

La educación en la familia y en la escuela, Jaume SARRAMONA
I LÓPEZ (2ª ed.)

La enseñanza de la religión, una propuesta de vida,
COMISIÓN EPISCOPAL DE ENSEÑANZA

Educarnos con la actualidad, José Luis CORZO

Educar en positivo para un mundo en cambio, Mercedes
MUÑOZ-REPISO IZAGUIRRE

La escuela tiene la palabra, Luis NÚÑEZ CUBERO (2ª ed.)

Guardianes de sueños. Educadores en la era de la informática, Juan E. Vecchi

Cartografía del voluntariado, Luis Aranguren Gonzalo

Calidad educativa y justicia social, Agustín Domingo Moratalla

El silencio: un reto educativo, Francesc Torralba

¿Es posible otro mundo? Educar después del once se septiembre, Francesc Torralba

Enseñanza de la religión y Ley de Calidad, Carlos Esteban Garcés

Educación y educadores, Olegario González de Cardedal (3ª ed.)

La apasionante aventura de la educación, José Luis Rozalén Medina

Sentirse bien en el aula, Franco Voli (2ª ed.)

Fragilidad y plenitud, Carme Agustí i Barri

Diez valores éticos, Joan Bestard (2ª ed.)

Educar la inteligencia emocional en el aula, Domingo J. Gallego Gil y María José Gallego Alarcón

Obediencia y desobediencia en la educación, Inmaculada Fernández-Quero

La defensa de la libertad en la era de la comunicación, Alfonso López Quintás

Educar preguntando, Pedro Ortega Campos

Construyendo puentes: claves de colaboración escuela-familia ante los problemas de conducta, Virginia Cagigal de Gregorio (comp.) (2ª ed.)

Curiosidad y placer de aprender. El papel de la curiosidad en el aprendizaje creativo, Hugo Assmann

El civismo planetario explicado a mis hijos, Francesc Torralba

Pedagogía del amor. Las historias universales y los valores de las nuevas generaciones, Gabriel Chalita

El profesor como formador moral. La relevancia formativa del ejemplo, José Penalva

Educar a los hijos con inteligencia emocional, María José Gallego (2ª ed.)

Ciudadanía, religión y educación moral, Agustín Domingo Moratalla (ed.)

Ser cristiano en la plaza pública, José María Mardones

El aprendizaje cooperativo, Leonor Prieto Navarro (3ª ed.)

Llamada y proyecto de vida, Xosé Manuel Domínguez Prieto (2ª ed.)

El espíritu del educador, Gustavo J. Magdalena

Jesucristo falta a clase, José Luis Corzo

El arte de ser abuelos, Franco Voli

Competentes, conscientes, compasivos y comprometidos, Josep M. Margenat

¿Crecer sin Dios? La experiencia de Dios a lo largo de la vida, Karl Ernst Nipkow

La formación espiritual y religiosa durante los primeros años, María José Figueroa Íñiguez

Virtudes para convivir, Xabier Etxeberria

El profesor cristiano: identidad y misión, Xosé Manuel Domínguez Prieto (3ª ed.)

La educación (com)partida, Luis Fernando Vílchez

Religión para pequeños. Didáctica de Infantil, María Eugenia Gómez Sierra

El aprendizaje-servicio en España: el contagio de una revolución pedagógica necesaria, Roser Batlle Suñer

Gestionar para educar, Javier Cortés Soriano y Jesús Ángel Viguera Llorente

Don Milani: la palabra a los últimos, José Luis Corzo

Adolescencia: espacio para la fe, María Eugenia Gómez Sierra

Generación Y, José María Bautista

Cronos va a mi clase, Carmen Guaita

Urge una escuela para la paz, Ernesto Balducci

La Escuela católica, Javier Cortés

Estar en la escuela. Pedagogía e interioridad, Helena Esteve, Ruth Galve y Lluís Ylla

Educación y cambio ecosocial, Rafael Díaz-Salazar (2ª ed.)

Freire en Salamanca, Antonio García Madrid (ed.)

Inteligencia moral. Perspectivas, Luis Fernando Vílchez, con la colaboración de Jacqueline Glaser

La escuela del futuro, Luis de Lezama

La interioridad como paradigma educativo, Elena Andrés Suárez y Carlos Esteban Garcés (coords.)

Ser para educar y educar para ser, José María Arnaiz

La educación es cosa de corazones, Miguel Ángel García Morcuende

Santidad para el cambio social, Javier Alonso Arroyo

Don Lorenzo Milani. El exilio de Barbiana, Michele Gesualdi

Lo que mis alumnos me enseñaron, Carmen Guaita

La interioridad como oportunidad educativa, Elena Andrés Suárez y Carlos Esteban Garcés (coords.)

Una escuela en salida, Javier Alonso Arroyo

Educar para amar, Mª Carmen Massé García

La inteligencia religiosa, Guillermo Gómez-Ferrer Lozano

Hacia una teología de la interioridad, Elena Andrés Suárez y Carlos Esteban Garcés (coords.)

Una comunidad en busca de la verdad, Elías Neira Arellano

Preguntas para pensar en ética, Tomás Miranda Alonso

En defensa del maestro, Luis Fernando Vílchez

La juventud autómata. *Ciberbullying* **y adolescentes tras las pantallas,** Irene Barbero

Escuelas que «futurean», José Laguna
La escuela desconcertada, Raúl Molina Garrido
Con la escuela hemos topado, José Luis Corzo
Educar para vivir, Alicia Ruiz López de Soria
Al encuentro de la vida, Antonino Rodríguez Fínez
Un futuro para la educación, ed. a cargo de Mons. Angelo Vincenzo Zani.
La sostenibilidad de la Escuela Católica, Javier Cortés Soriano